AUGE Y CAÍDA
DE LAS LEYES GENERALES
DEL CAPITALISMO

DARON ACEMOGLU
Y JAMES A. ROBINSON

AUGE Y CAÍDA
DE LAS LEYES GENERALES
DEL CAPITALISMO

Traducción de
Carlos Fernández Muñoz

PÁGINA INDÓMITA

Título original:
*The Rise and Decline
of General Laws of Capitalism,*
publicado en *Journal of Economic Perspectives,*
Vol. 29, n.º 1, invierno de 2015, pp. 3-28

Diseño de cubierta y composición: Ángel Uzkiano
Ilustración de cubierta: Marx y Engels en la imprenta
del periódico *Nueva Gaceta Renana* (cuadro de E. Capiro)
Impresión y encuadernación: Romanyà Valls
Primera edición: enero de 2025

ISBN: 978-84-128187-7-2
Depósito legal: C-1746-2024

ÍNDICE

INTRODUCCIÓN

Los economistas se han sentido atraídos desde hace mucho tiempo por la ambiciosa búsqueda de las leyes generales del capitalismo. David Ricardo, por ejemplo, predijo que la acumulación de capital conduciría al estancamiento económico y la desigualdad, a medida que una proporción cada vez mayor de la renta nacional acabase en manos de los terratenientes. Karl Marx siguió sus pasos al pronosticar la inevitable depauperación del proletariado. Y Thomas Piketty, en *El capital en el siglo XXI* (2013),[1] emula a Marx en el título, el estilo expositivo y la crítica del sistema capitalista. El autor busca leyes generales que desmitifiquen nuestra economía moderna, diluciden los problemas inherentes al sistema y señalen soluciones.

Pero la búsqueda de leyes generales del capitalismo es errónea, porque ignora las fuerzas clave que determi-

1. T. Piketty, *Le Capital au XXIe siècle*, Éditions du Seuil, París, 2013.

9

nan cómo funciona una economía: la evolución endógena de la tecnología y de las instituciones y el equilibrio
político que influyen no solo en dicha tecnología, sino
también en el funcionamiento de los mercados y en la
distribución de las ganancias de los distintos arreglos
económicos. A pesar de su erudición, su ambición y su
creatividad, Marx se vio conducido al error debido a su
menosprecio de estas fuerzas. Y lo mismo puede decirse
de la amplia explicación que Piketty ofrece de la desigualdad en las economías capitalistas.

En la primera parte de este trabajo, analizamos la
conceptualización que Marx hace del capitalismo y algunas de sus leyes generales. Después nos ocupamos del
enfoque de Piketty. Señalaremos varios problemas de su
interpretación de las relaciones económicas que sustentan la desigualdad; pero la deficiencia más importante
radica en que, si bien el autor aborda la función de ciertas instituciones y medidas políticas, no otorga un papel
sistémico a tales factores institucionales, ni a su evolución endógena, en la formación de la desigualdad. Esto
implica que las leyes generales ofrecidas tienen poco poder explicativo. Con el objetivo de ilustrar este punto,
primero utilizamos pruebas de regresión para demostrar
que la fuerza económica central de Piketty, la relación
entre el tipo de interés y la tasa de crecimiento económico, no está correlacionada con la desigualdad —en

particular, con una variable clave para el autor, la proporción del ingreso nacional que corresponde al grupo de personas que constituyen 1% más rico (de aquí en adelante la proporción, o participación, del 1% más rico)—. Después utilizamos los ejemplos de las trayectorias de la desigualdad en Sudáfrica y Suecia a lo largo del siglo XX para demostrar dos cosas: primera, que recurrir a la proporción del 1% más rico puede llevar a obviar el panorama general de la desigualdad, y segunda, que es imposible entender la dinámica de la desigualdad en estas sociedades sin tener en cuenta sistemáticamente las instituciones y la política, y su evolución endógena. Concluimos esta parte esbozando un enfoque alternativo de la desigualdad que evita las leyes generales y opta por otra conceptualización, en la que tanto la tecnología como los precios de los factores están determinados por la evolución de las instituciones y los equilibrios políticos —y en la que las propias instituciones son endógenas y están influidas en parte, entre otras cosas, por el grado de desigualdad—. A continuación, aplicamos este marco a la evolución de la desigualdad y las instituciones en Sudáfrica y Suecia.

Conviene señalar aquí que no creemos que el término *capitalismo* sea útil para el análisis comparativo económico o político. Al poner el foco en la propiedad y la acumulación de capital, dicho término desvía la atención de las características de un sociedad que son más importantes a la hora de determinar su desarrollo económico y el grado de desigualdad. Por ejemplo, tanto en Uzbekistán como en la Suiza moderna existe la propiedad privada del capital, pero estas dos sociedades tienen muy poco en común en términos de prosperidad y desigualdad, porque la naturaleza de sus instituciones económicas y políticas difiere profundamente. De hecho, la economía capitalista de Uzbekistán tiene más en común con la economía declaradamente no capitalista de Corea del Norte que con la de Suiza, como hemos argumentado en *Por qué fracasan los países. Los orígenes del poder, la prosperidad y la pobreza* (2012).[2] Dicho esto, dado el énfasis que Marx y Piketty ponen en el capitalismo, hemos optado por mantener esta terminología.

2. D. Acemoglu y J. A. Robinson, *Why Nations Fail: The Origins of Power, Prosperity, and Poverty*, Crown, Nueva York, 2012.

LOS FRACASOS DE «EL CAPITAL»

Aunque muchas ideas importantes de las ciencias sociales pueden rastrearse hasta la obra de Karl Marx, el enfoque definitorio del autor consistió en buscar ciertas características intrínsecas del capitalismo —que él llamó leyes generales de acumulación capitalista—. Este enfoque se vio fuertemente influido por el contexto histórico de mediados del siglo XIX, en el que Marx vivió y escribió. El autor conoció de primera mano tanto la desconcertante transformación de la sociedad con el auge de la producción industrial como las enormes dislocaciones sociales asociadas a ello.

Marx desarrolló una rica y matizada teoría de la historia. Pero el núcleo de esta teoría, el materialismo histórico, se basa en cómo los aspectos materiales de la vida económica, junto con lo que el autor llama fuerzas de producción —en particular la tecnología—, dan forma a todos los demás aspectos de la vida social, económica y política, incluidas las relaciones de producción.

Por ejemplo, en su famoso libro *Miseria de la filosofía* (1847), Marx sostiene que «el molino movido a mano da lugar a la sociedad del señor feudal, y el molino de vapor, a la sociedad del capitalista industrial».[1] Aquí el molino de mano representa las fuerzas de producción, mientras que el feudalismo representa las relaciones de producción, así como un conjunto específico de arreglos sociales y políticos. Cuando cambian las fuerzas de producción (la tecnología), ello desestabiliza las relaciones de producción y da lugar a contradicciones y cambios sociales e institucionales que son a menudo de naturaleza revolucionaria. Según el autor lo expresa en *Contribución a la crítica de la economía política* (1859):

> El conjunto de estas relaciones de producción constituye la estructura económica de la sociedad; la base real sobre la que se levantan las superestructuras legales y políticas y a la que corresponden determinadas formas de conciencia social. El modo de producción de la vida material condiciona el carácter de los procesos sociales, políticos y espirituales de la vida en general. No es la

---

1. Reimpreso en D. McLellan (ed.), *Karl Marx: Selected Writings,* Oxford University Press, Nueva York, 2000, pp. 219-220.

conciencia de los hombres la que determina su ser, sino que, por el contrario, es su existencia social la que determina su conciencia. Las fuerzas materiales de producción de la sociedad, en un determinado estadio de su desarrollo, entran en conflicto con las relaciones de producción existentes o —lo que no es más que una expresión legal de lo mismo— con las relaciones de propiedad en las que han operado hasta la fecha. Estas relaciones dejan de ser formas de desarrollo de las fuerzas de producción y se convierten en trabas. Comienza entonces una época de revolución social. Con el cambio de la base económica, toda la inmensa superestructura se transforma con mayor o menor rapidez.[2]

Marx plantea la hipótesis de que las fuerzas de producción, a veces en conjunción con la propiedad de los medios de producción, determinan todos los demás aspectos de las instituciones económicas y políticas: las leyes, regulaciones y arreglos *de iure* y *de facto* que configuran la vida social. Armado con esta teoría de la historia, el autor hace audaces predicciones sobre la dinámica del capitalismo, basándose únicamente en los fundamentos económicos —sin referencia alguna a las instituciones o la política, que él contempla en general

2. *Ibid.,* p. 425.

15

como derivadas de los poderosos impulsos desatados por las fuerzas de producción.[3]

Las predicciones más relevantes, para lo que aquí nos ocupa, son tres relativas a la desigualdad. En *El capital*,[4] Marx desarrolló la idea de que el ejército de reserva de los desempleados mantendría los salarios a un nivel de subsistencia, haciendo que el capitalismo fuera incompatible con las mejoras constantes en el nivel de vida de los trabajadores. Su predicción exacta aquí está abierta a diferentes interpretaciones. Aunque él contem-

3. No hay consenso sobre la formulación exacta que Marx hace de la relación entre la «infraestructura», que comprende las fuerzas productivas y a veces las relaciones de producción, y la «superestructura», que incluye lo que llamamos instituciones políticas y la mayoría de los aspectos de las instituciones económicas. En el capítulo 1 del *Manifiesto Comunista* (1848), Marx y Engels escriben: «La historia de todas las sociedades existentes hasta la fecha es la historia de las luchas de clases». Pero la idea aquí, por lo que entendemos, no es que la «lucha de clases» represente alguna dinámica histórica autónoma, sino más bien que es un resultado de las contradicciones entre las fuerzas de producción y la propiedad de los medios de producción. En algunos escritos, como *El dieciocho Brumario de Luis Bonaparte* (1852), Marx admite la retroalimentación de la política y otros aspectos de la sociedad a las fuerzas de producción. Pero está claro en su obra que él contempla esto como algo de segundo orden —para una discusión de este asunto, véase P. Singer, *Marx: A Very Short Introduction*, Oxford University Press, Nueva York, 2000, cap. 7—. El autor jamás formuló un enfoque en el que las instituciones desempeñen el papel central y cambien ellas mismas de manera endógena.

4. K. Marx, *El capital* (1867), t. 1, cap. 25.

plaba el capitalismo como un presagio de «miseria, agonía laboral, esclavitud, ignorancia, brutalidad y degradación mental»[5] para los trabajadores, no está claro si con ello el autor descartaba el crecimiento real de los salarios. Según Mark Blaug,[6] Marx nunca afirmó que los salarios reales se estancarían, sino más bien que la participación del trabajo en el ingreso nacional caería, ya que en *El capital* dice que «los salarios reales [...] nunca aumentan proporcionalmente a la capacidad productiva del trabajo».[7] Según Dunkan K. Foley,[8] en cambio, Marx sí afirmó inicialmente que los salarios reales no aumentarían bajo el capitalismo, pero luego matizó esta afirmación (y dijo que la participación del trabajo en el ingreso nacional descendería), porque se dio cuenta de que los salarios efectivamente estaban aumentando en Gran Bretaña. Esto nos lleva a contemplar esta ley tanto en una forma fuerte como débil. En ambas formas, dicha ley implica que cualquier crecimiento económico bajo el capitalismo se traducirá casi automáticamente en una mayor desigualdad —ya que los capitalistas se benefician de tal crecimiento y los trabajadores no—. Com-

5. *Ibid.*, sec. 3.
6. M. Blaug, *Economic Theory in Retrospect* (5ª ed.), Cambridge University Press, Cambridge, 1996.
7. K. Marx, *El capital*, *op. cit.*, t. 1, cap. 25, sec.4.
8. D. K. Foley, *Adam's Fallacy*, Belknap Press, Cambridge, 2008, cap. 3.

binemos esto con una segunda ley general del capitalismo, del Tomo III de *El capital,* y una tercera ley —en la que suele hacerse menos énfasis pero que es muy relevante—, presentada en el Tomo I. Así, tres de las predicciones clave de Marx son:

1) *La ley general de la acumulación capitalista.* En su versión fuerte, los salarios reales se estancan bajo el capitalismo; en su forma débil, la proporción del ingreso nacional correspondiente al trabajo disminuirá bajo dicho capitalismo.

2) *La ley general del beneficio menguante:* a medida que el capital se acumula, la tasa de beneficio cae.

3) *La ley general de la competencia decreciente:* la acumulación de capital conduce a una mayor concentración industrial.

Estas leyes generales de Marx no salieron bien paradas. Mientras él escribía su obra, los salarios reales, que se habían estancado o incluso habían caído durante las primeras décadas del siglo XIX, ya llevaban un tiempo aumentando, probablemente unas dos décadas.[9] La pro-

9. Véanse: R. C. Allen, «The Great Divergence in European Wages and Prices from the Middle Ages to the First World War», *Explorations in Economic History,* 38(4), 2001, 411-447; *id.,* «Pessimism Preserved», Oxford University Department of Economics,

porción que el trabajo representaba en el ingreso nacional, proporción que había caído hasta suponer menos de la mitad llegados a 1870, también comenzó a aumentar a partir de entonces, hasta alcanzar los dos tercios en el siglo XX. Según los cálculos de Robert C. Allen, la tasa real de beneficio era comparativamente baja a finales del siglo XVIII y aumentó hasta alcanzar un máximo del 25% alrededor de 1870, pero luego cayó a cerca del 20%, donde se estabilizó hasta la Primera Guerra Mundial.[10] Matthews, Feinstein y Odling-Smee observan que estas tasas no cayeron en el siglo XX, aunque hay mucha heterogeneidad entre sectores.[11] (El desempeño de la tercera ley de Marx no fue mejor, como analizaremos más adelante.)

¿Por qué fracasaron estas leyes generales de Marx? Principalmente porque ignoraron tanto la evolución endógena de la tecnología (a pesar del gran énfasis del autor en las fuerzas de producción) como el papel de las instituciones y la política, las cuales configuran los

---

Working Paper 314, 2007: *id.*, «Engels' Pause», *Explorations in Economic History* 46(4), 2009, 418-435; G. Clark, «The Condition of the Working Class in England, 1209-2004» *Journal of Political Economy*, 113(6), 2005, 1307-1340; C. H. Feinstein, «Pessimism Perpetuated», *Journal of Economic History*, 58(3), 1998, 625-658.

10. R. C. Allen, «Engels' Pause», art. cit.

11. R. C. O. Mathews *et al.*, *British Economic Growth, 1856-1973*, Stanford University Press, Stanford, 1982, pp. 187-188.

mercados, los precios y la trayectoria de dicha tecnología. El aumento de los salarios reales en Gran Bretaña, por ejemplo, fue en parte consecuencia de la modificación del ritmo y la naturaleza del cambio tecnológico, que llevó a un rápido aumento de la demanda de mano de obra.[12] La racionalización de los derechos de propiedad, el desmantelamiento de los monopolios, la inversión en infraestructuras y la creación de un marco jurídico para el desarrollo industrial, incluido el sistema de patentes, fueron algunas de las modificaciones institucionales que contribuyeron al rápido cambio tecnológico y a su adopción generalizada en la economía británica.[13]

La distribución de los beneficios fruto de las nuevas tecnologías también estuvo determinada por un equilibrio institucional en evolución. La Revolución Industrial se vio acompañada de importantes cambios políticos, incluidos el desarrollo del Estado y las Leyes de Reforma de 1832, 1867 y 1884, que transformaron las

---

12. Véanse N. F. R. Crafts, *British Economic Growth during the Industrial Revolution*, Clarendon Press, Oxford, 1985; R. C. Allen, *The British Industrial Revolution in Global Perspective*, Cambridge University Press, Nueva York, 2009; J. Mokyr, *The Enlightened Economy*, Yale University Press, New Haven, 2012.

13. Véanse D. Acemoglu y J. A. Robinson, *Why Nations Fail*, op. cit., y J. Mokyr, *The Enlightened Economy*, op. cit.

instituciones políticas británicas y la distribución del poder político. Por ejemplo, en 1833 se creó un cuerpo profesional de inspectores de fábricas, lo cual contribuyó a la aplicación de la legislación relativa al empleo fabril. Otra de las consecuencias políticas de la democratización de 1832 fue la derogación en 1846 de las Leyes de Cereales (aranceles que limitaban las importaciones de grano extranjero de menor precio), lo cual redujo el precio del pan, aumentó los salarios reales y, al mismo tiempo, mermó las rentas de la tierra.[14] La Ley de Fábricas de 1847 dio el paso esencial de limitar la jornada laboral en las fábricas textiles a diez horas diarias para las mujeres y los adolescentes. El Acta de Reforma de 1867 condujo a la abolición en 1875 de las Leyes de Patronos y Empleados —que habían impuesto legalmente a los trabajadores la lealtad y la obediencia y limitado la movilidad—, lo cual ilustra cómo la legislación laboral en pro de los trabajadores hizo que aumentasen los salarios reales.[15]

Otro ejemplo elocuente es el fracaso en los Estados Unidos de la tercera ley general de Marx: la predicción de una mayor concentración industrial. Tras el fin de la

14. C. Schonhardt-Bailey, *From the Corn Laws to Free Trade*, MIT Press, Cambridge (Mass.), 2006.
15. S. Naidu y N. Yuchtman, «Coercive Contract Enforcement», *American Economic Review*, 103(1), 2013, 107-144.

guerra civil estadounidense llegó la era de los «barones ladrones»[16] y de la enorme concentración de la propiedad y el control económicos. A finales de la década de 1890, empresas como Du Pont, Eastman Kodak, Standard Oil e International Harvester llegaron a dominar la economía, acaparando en varios casos más del 70% de sus respectivos mercados.[17] Parecía una predicción marxiana hecha realidad, pero esta situación fue transitoria y se revirtió debidamente cuando la movilización popular, desencadenada en parte por el aumento de la desigualdad, cambió el equilibrio político y la regulación de la industria.[18] El poder de las grandes corporaciones comenzó a restringirse con la Ley de Comercio Interestatal de 1887 y luego con la Ley Sherman Antitrust de 1890, leyes que, en los intentos de acabar con los monopolios, se utilizaron a principios del siglo XX contra Du Pont, la American Tobacco Company, la Standard Oil Company y la Northern Securities Company, controlada entonces por J. P. Morgan. Las refor-

16. Término despectivo que hacía referencia a aquellos poderosos empresarios de la época que eran acusados de utilizar métodos faltos de escrúpulos para amasar su fortuna. *(N. del T.)*

17. N. R. Lamoreaux, *The Great Merger Movement in American Business, 1895-1904*, Cambridge University Press, Nueva York, 2005, pp. 3-4.

18. E. Sanders, *Roots of Reform*, University of Chicago Press, Chicago, 1999.

mas continuaron con la desmembración definitiva de la Standard Oil en 1911; la ratificación de la Decimosexta Enmienda en 1913, que introdujo el impuesto sobre la renta, y la Ley Clayton Antitrust de 1914 y la fundación de la Comisión Federal de Comercio, también en 1914. Estos cambios no se limitaron a frenar una mayor concentración industrial, sino que la revirtieron.[19] Y L. J. White muestra que la concentración industrial estadounidense en el periodo posterior a la Segunda Guerra Mundial apenas cambió.[20]

Lo crucial aquí es que el proceso político que condujo a los cambios institucionales que transformaron la economía británica y la desigualdad en el siglo XIX no era una conclusión previsible. Tampoco el aumento de la desigualdad en los Estados Unidos del siglo XIX tras la guerra civil fue una consecuencia inevitable del capitalismo. La reversión de dicha desigualdad desde prin-

19. Véanse N. R. Collins y L. E. Preston, «The Size Structure of the Largest Industrial Firms, 1909-1958», *American Economic Review*, 51(5), 1961, 986-1011; R. C. Edwards, «Stages in Corporate Stability and the Risks of Corporate Failure», *Journal of Economic History*, 35(2), 1975, 428-457.

20. L. J. White, «What Has Been Happening to Aggregate Concentration in the United States?», *Journal of Industrial Economics*, 29(3), 1981, 223-230; *id.*, «Trends in Aggregate Concentration in the United States», *Journal of Economic Perspectives*, 16(4), 2002, 137-160.

cipios del siglo xx dependió igualmente de un equilibrio institucional en evolución. De hecho, mientras en los Estados Unidos se reducían tanto el poder del monopolio como la desigualdad, esta última siguió aumentando rápidamente en el vecino México bajo el gobierno autoritario de Porfirio Díaz, hasta culminar en la revolución y la guerra civil en 1910, lo cual demuestra el papel central de la dinámica institucional endógena y su trayectoria.

Las leyes generales de Marx fracasaron por la misma razón que las leyes generales anteriores de otros economistas también tuvieron un desempeño deficiente. Tales leyes se formularon en un esfuerzo por comprimir los hechos y acontecimientos de su época en una gran teoría que fuese aplicable en todo momento y lugar, con escasa referencia a las instituciones y a la naturaleza cambiante (en parte institucionalmente determinada) de la tecnología. Por ejemplo, cuando David Ricardo publicó la primera edición de *Principios de economía política y tributación* en 1817 y predijo que una proporción cada vez mayor de la renta nacional acabaría en manos de los terratenientes, le había tocado vivir un período de rápido aumento de las rentas de la tierra en Gran Bretaña. Pero poco después la parte del ingreso nacional correspondiente a la tierra comenzó a declinar de manera constante y, hacia la década de 1870, las rentas reales iniciaron una rápida caída que duraría seis décadas.[21]

En suma, las leyes generales de Marx, como las que le precedieron, fracasaron porque se basaban en una concepción de la economía que obviaba la evolución endógena de la tecnología y el papel de las instituciones económicas y políticas, unas instituciones cambiantes que configuran tanto la tecnología como los precios de los factores. De hecho, incluso el énfasis de Marx en el papel determinante de las fuerzas de producción, tan emblemático de su enfoque, resulta erróneo: el autor asigna a tales fuerzas un papel a menudo inadecuado no solo como motor de la historia, sino también como descripción de la historia —como ocurre con su paradigmático ejemplo del molino movido a mano y el molino de vapor—. Por ejemplo, Marc Bloch sostiene de manera convincente que el molino movido a mano no determinó la naturaleza de la sociedad feudal, como tampoco el molino de vapor determinó el carácter del mundo posfeudal.[22]

21. Véanse M. E. Turner *et al.*, *Agricultural Rent in England, 1690-1914*, Cambridge University Press, Nueva York, 1999; G. Clark, «Land Rental Values and Agrarian History», *European Review of Economic History* 6(3), 2002, 281-308; *id.*, «The Macroeconomic Aggregates for England, 1209-2008», en A. J. Field (ed.), In *Research in Economic History Volume 27*, Emerald, 2010, pp. 51-140.

22. M. Bloch, *Land and Work in Medieval Europe*, trad. J. E. Anderson, Harper Torchbooks, Nueva York, 1967.

EN BUSCA DE LAS LEYES
DEL CAPITALISMO DEL SIGLO XXI

Thomas Piketty es también un economista de su entorno, con un pensamiento muy marcado por la creciente desigualdad observada en el mundo anglosajón y, más recientemente, en la Europa continental —sobre todo en comparación con la mayor equidad entre rentas del trabajo y rentas totales en la Francia de las décadas de 1980 y 1990—. Una amplia literatura sobre economía laboral ha contribuido enormemente a documentar y analizar el aumento de la desigualdad que comenzó en algún momento de la década de 1970 en los Estados Unidos.[1] Ha demostrado que el aumento de la desigualdad se ha pro-

1. Véanse los estudios y las extensas referencias a trabajos anteriores en: L. F. Katz y D. H. Autor, «Changes in the Wage Structure and Earnings Inequality», en O. C. Ashenfelter y D. Card (eds.), *Handbook of Labor Economics Volume 3A*, Elsevier, Ámsterdam, 1999, pp. 1463-1555; D. Acemoglu y D. H. Autor, «Skills, Tasks and Technologies», O. C. Ashenfelter y D. Card (eds.), *Handbook of Labor Economics Volume 4B*, Elsevier, Ámsterdam, 2011, pp. 1043-1171.

ducido en todos los niveles de ingresos, y que puede explicarse de manera razonable por cambios tanto en la oferta y la demanda de habilidades como en las instituciones del mercado laboral. Piketty y Saez han aportado una perspectiva nueva y fructífera a esta literatura al utilizar datos procedentes de declaraciones de la renta, confirmando y ampliando los patrones que ya habían sido observados y haciendo gran énfasis en la creciente desigualdad en los niveles superiores de ingresos.[2]

En *El capital en el siglo XXI*, Piketty va más allá de este enfoque empírico e histórico y ofrece una teoría de las tendencias a largo plazo del capitalismo. Aunque los datos del autor confirman el hallazgo de la literatura anterior de que el aumento de la desigualdad en las últimas décadas, al menos en las economías avanzadas, se vio impulsado por la creciente desigualdad de las rentas del trabajo, su libro pinta un futuro dominado por las rentas del capital, el patrimonio heredado y los multimillonarios rentistas. El marco teórico utilizado para llegar a esta conclusión combina la economía marxiana con el modelo de crecimiento de Solow. Piketty define el capitalismo de la misma manera que Marx, y tiene un enfoque materialista similar, que vincula la dinámica del capitalismo a

2. T. Piketty y E. Saez, «Income inequality in the United States, 1913-1998», *Quarterly Journal of Economics,* 118(1), 2003, 1-39.

la propiedad de los medios de producción (en particular el capital) y a la férrea naturaleza de la tecnología y la dinámica exógena de crecimiento. Cierto es que el autor menciona a veces las medidas políticas y las instituciones —por ejemplo, el impuesto sobre la riqueza y los acontecimientos militares y políticos que destruyeron capital y redujeron la ratio riqueza-renta durante la primera mitad del siglo xx—. Pero el papel que les otorga es *ad hoc*. A nuestro juicio, estas características y su evolución endógena deben introducirse sistemáticamente en el análisis si queremos explicar la desigualdad.

Este enfoque de Piketty da forma a su análisis y sus predicciones sobre la naturaleza del capitalismo. *El capital en el siglo XXI* comienza introduciendo dos «leyes fundamentales», pero las predicciones más importantes se derivan de lo que el autor llama una «fuerza fundamental de divergencia» (p. 351) o, a veces, «desigualdad fundamental» (p. 25), comparando el tipo de interés (real) de la economía con la tasa de crecimiento.

La primera ley fundamental es tan solo una definición:

proporción de las rentas del capital en el ingreso nacional = $r \times (K/Y)$,[3]

---

3. En la formulación de Piketty: $\alpha = r \times \beta$. (*N. del E.*)

donde r es la tasa neta real de rendimiento del capital (que puede contemplarse como una tasa de interés real), K es la reserva de capital e Y es el PIB (o de manera equivalente, el ingreso nacional, ya que se considera la economía como cerrada).

La segunda ley fundamental es algo más sustancial:

$$K/Y = s/g,^4$$

donde s es la tasa de ahorro y g es la tasa de crecimiento del PIB. Como explicamos en el Apéndice en línea,[5] una versión de esta ley se deriva fácilmente del estado estacionario de un modelo de crecimiento económico de tipo Solow.[6] A un nivel intuitivo, la tasa de crecimiento de la reserva de capital K vendrá dada por la inversión neta, que en una economía cerrada será igual al ahorro, sY. Por lo tanto, la ratio K/Y reflejará

4. En la formulación del autor: $\beta = s/g$. *(N. del E.)*

5. Como es habitual en estos casos, a fin de no sobrecargar el texto y abrumar al lector, dicho apéndice, en la versión original en inglés, se publicó de forma independiente y solo en línea. Puede consultarse en: http://dx.doi.org/10.1257/jep.29.1.3. *(N. del E.)*

6. Sin embargo, véanse: P. Krusell y A. A. Smith, Jr., «Is Piketty's 'Second Law of Capitalism' Fundamental?», 2014 (http://aida.wss.yale.edu/smith/piketty1.pdf), y D. Ray, «Nit-Piketty: A Comment on Thomas Piketty's Capital in the Twenty First Century», 2014 (http://www.econ.nyu.edu/user/debraj/).

la relación entre «cambio en K y cambio en Y» a lo largo del tiempo, a causa del crecimiento económico, que es s/g.

Sigamos a Piketty y combinemos estas dos leyes fundamentales para obtener:

$$\text{proporción de las rentas del capital en el ingreso nacional} = r \times (s/g).$$

Piketty postula que, incluso cuando g cambia, r y s pueden considerarse constantes aproximadas (o que al menos no cambiarán tanto como g). Esto conduce entonces a lo que puede contemplarse como la primera ley general del autor: cuando el crecimiento es menor, la proporción de las rentas del capital en el ingreso nacional será mayor.

Pero esta primera ley no es tan convincente como se podría pensar en un principio. Al fin y al cabo, se debe considerar si un cambio en la tasa de crecimiento g también podría alterar la tasa de ahorro s o la tasa de retorno r, porque todas estas son variables endógenas que están vinculadas en los modelos estándar de crecimiento económico. Piketty sostiene que r no debería cambiar mucho en respuesta a una disminución de g, porque la elasticidad de sustitución entre el capital y el trabajo es alta, lo que resulta en un aumento de la proporción de las rentas del capital en el ingreso nacional.[7]

La gran mayoría de los cálculos disponibles, no obstante, indican una elasticidad de sustitución de corto plazo significativamente inferior a uno.[8] Esto es también lo razonable desde un punto de vista intuitivo: dada la tecnología, la capacidad de sustitución trabajo-capital sería limitada —por ejemplo, si se reduce el trabajo a

7. Ahora bien, la tasa de interés y la tasa de crecimiento están vinculadas tanto por el lado de los hogares como por el de la producción. Por ejemplo, con un hogar representativo, tenemos que $r = \theta g + \rho$, donde θ es la inversa de la elasticidad de sustitución intertemporal y ρ es la tasa de descuento. El hecho de que el supuesto del hogar representativo pueda no ser una buena aproximación a la realidad no implica que r sea independiente de g. Por el lado de la producción, g afecta a r mediante su impacto en la reserva de capital, y es el segundo canal el que depende de la elasticidad de sustitución entre capital y trabajo.

8. Por ejemplo, D. S. Hamermesh, *Labor Demand*, Princeton University Press, Princeton, 1993; J. Mairesse *et al.*, «Firm-Level Investment in France and the United States», *Annales d'Economie et de Statistique*, 55-56, diciembre de 1999, 27-67; R. S. Chirinko *et al.*, «How Responsive Is Business Capital Formation to Its User Cost?», *Journal of Public Economics*, 74(1), 1999, 53-80; P. Krusell *et al.*, «Capital-Skill Complementary and Inequality», *Econometrica* 68(5), 2000, 1029-1053; R. S. Chirinko, «Business Fixed Investment Spending», *Journal of Economic Literature*, 31(4), 1993, 1875-1911; P. Antràs, «Is the U.S. Aggregate Production Function Cobb– Douglas?», *Contributions to Macroeconomics*, 4(1), 2004, Artículo 4; R. Klump *et al.*, «Factor Substitution and Factor-Augmenting Technical Progress in the United States», *Review of Economics and Statistics*, 89(1), 2007, 183-192.

cero, para un proceso de producción dado, cabría esperar que la producción cayera también a cero—. Aunque esta elasticidad podría ser superior en horizontes más largos, Chirinko y Mallick observan que es significativamente inferior a uno también en el largo plazo.[9] Una razón por la que dicha elasticidad de sustitución de largo plazo podría ser superior a uno radica en el carácter endógeno de la tecnología.[10] En este contexto, cabe señalar que el único trabajo reciente que estima una elasticidad de sustitución mayor que uno, de Karabarbounis y Neiman,[11] usa la variación entre países a largo plazo relacionada con los cambios en los precios de las inversiones, lo cual hace que sus estimaciones sean mucho más propensas a corresponder con elasticidades tecnológicas endógenas. Sin embargo, como señala Rognlie,[12]

9. R. S. Chirinko, «σ: The Long and Short of It», *Journal of Macroeconomics,* 30(2), 2008, 671-686; R. S. Chirinko y D. Mallick, «The Substitution Elasticity, Factor Shares, Long-Run Growth, and the Low-Frequency Panel Model», 2014 (https://ideas.repec.org/p/ces /ceswps/_4895.html).

10. Véanse, por ejemplo, D. Acemoglu, «Directed Technical Change», *Review of Economic Studies,* 69(4), 2002, 781-809; *id.,* «Labor- and Capital-Augmenting Technical Change», *Journal of the European Economic Association,* 1(1), 2003, 1-37.

11. L. Karabarbounis y B. Neiman, «The Global Decline of the Labor Share», *Quarterly Journal of Economics,* 129(1), 2014, 61-103.

12. M. Rognlie, «A Note on Piketty and Diminishing Returns to Capital», 2014 (http://www.mit .edu/~mrognlie/piketty_diminishing_returns.pdf).

incluso una elasticidad de sustitución significativamente superior a uno sería insuficiente para llegar a las conclusiones a las que llega Piketty.

Además, si bien es cierto que se ha producido un aumento de la proporción de las rentas del capital en el ingreso nacional, ello no parece estar relacionado con las fuerzas subrayadas en *El capital en el siglo XXI*. En particular, Bonnet, Bono, Chapelle y Wasmer[13] demuestran que este aumento de las proporción de las rentas del capital se debe a la vivienda y al aumento del precio de los bienes raíces, lo cual cuestiona el mecanismo enfatizado por Piketty.

La segunda ley general de *El capital en el siglo XXI* se formula como:

$$r > g,$$

y establece que el tipo de interés (real) es superior a la tasa de crecimiento de la economía. Teóricamente, en una economía con una tasa de ahorro exógena, o con generaciones superpuestas,[14] o con mercados incomple-

13. O. Bonnet *et al.*, «Does Housing Capital Contribute to Inequality?», *SciencesPo Discussion Paper*, 2014.
14. Véanse, por ejemplo, P. A. Samuelson, «An Exact Consumption-Loan Model of Interest With or Without the Social Contrivance of Money», *Journal of Political Economy*, 66(6), 1958, 467-

tos,[15] el tipo de interés no tiene por qué ser superior a la tasa de crecimiento. Lo será en una economía *dinámicamente eficiente*, es decir, una en la que sea imposible incrementar el consumo en todo momento (logrando así una mejora de Pareto). La eficiencia dinámica de una economía es una cuestión empírica —por ejemplo, Geerolf sugiere que varias economías de la OCDE podrían ser dinámicamente ineficientes—,[16] y la ineficiencia dinámica se torna más probable cuando la ratio capital-producción es muy elevada, como *El capital en el siglo XXI* predice que ocurrirá en el futuro.

Por último, la tercera y más importante ley general de Piketty consiste en que, siempre que *r > g,* habrá una tendencia al aumento de la desigualdad. Esto se debe a que la renta del capital tenderá a aumentar al tipo de interés, *r,* mientras que el ingreso nacional (y la renta de los no capitalistas) aumenta al tipo *g.* Dado que las rentas del capital está distribuidas de manera desigual,

---

482; y P. A. Diamond, «National Debt in a Neoclassical Growth Model», *American Economic Review,* 55(5), 1965, 1126-1150.

15. Véanse, por ejemplo, T. Bewley, «Stationary Monetary Equilibrium with a Continuum of Independently Fluctuating Consumers», en W. Hildenbrand y A. Mas-Colell (eds.), *Contributions to Mathematical Economics in Honor of Gérard Debreu,* Elsevier, Ámsterdam, 1986, pp. 79-102; y S. R. Aiyagari, «Uninsured Idiosyncratic Risk and Aggregate Saving», *Quarterly Journal of Economics,* 109(3), 1994, 659-684.

16. F. Geerolf, «Reassessing Dynamic Efficiency», 2013.

esto se traducirá en un aumento de la desigualdad impulsado por el capital, lo que nos retrotrae a la época de Jane Austen y Honoré Balzac. En palabras de Piketty:

> Esta desigualdad fundamental, que aquí se representa como $r > g$ —donde r designa la tasa de rendimiento anual del capital, en forma de beneficios, dividendos, intereses, alquileres y otras rentas del capital, expresado como porcentaje de su valor total, y g representa la tasa de crecimiento de la economía, es decir, el incremento anual del ingreso y la producción— desempeñará un papel crucial en este libro. En cierto sentido, resume la lógica general de mis conclusiones.
>
> Cuando la tasa de rendimiento del capital es significativamente superior a la tasa de crecimiento de la economía —como lo ha sido durante gran parte de la historia hasta el siglo XIX y probablemente vuelva a serlo en el siglo XXI—, ello implica de manera automática que el patrimonio heredado crece con mayor rapidez de lo que lo hacen la producción y las rentas.[17]

Más adelante, el autor desarrolla este punto:

17. T. Piketty, *Capital in the Twenty-First Century* (2013), Harvard University Press, Cambridge (Mass.), 2014, pp. 25-26.

La razón principal de la hiperconcentración del patrimonio observada en las sociedades agrarias tradicionales, y, en gran medida, en todas las sociedades hasta la Primera Guerra Mundial —con la excepción de las sociedades pioneras del Nuevo Mundo, cuyo caso es por razones evidentes muy particular y poco representativo a nivel mundial y a largo plazo—, es que se trataba de economías caracterizadas por un crecimiento débil, en las que la tasa de rendimiento del capital era marcada y duraderamente superior a la tasa de crecimiento.[18]

Basándose en esto, Piketty propone una explicación para el aumento de la desigualdad en las décadas venideras:

La razón por la que la riqueza no está hoy distribuida de manera tan desigual como en el pasado es simplemente que no ha transcurrido suficiente tiempo desde 1945.[19]

18. *Ibid.*, p. 351.
19. *Ibid.*, p. 372. No está claro si $r > g$ es una fuerza que conduce hacia la divergencia de las rentas a lo largo de los distintos niveles de ingresos, o hacia la convergencia en una nueva y más desigual distribución de las rentas. En muchos pasajes, incluidos los que ya hemos citado, Piketty habla de divergencia. Pero en otros la predicción se formula de manera diferente; por ejemplo, cuando el autor escribe: «Con la ayuda de un modelo matemático bastante

Como ocurre con las dos primeras leyes generales, hay aspectos discutibles en la economía pura de la tercera ley general. En primer lugar, como ya hemos dicho, el énfasis en $r - g$ no concuerda con el papel central que han desempeñado las rentas del trabajo en el aumento de la desigualdad. En segundo lugar, como mostramos en el Apéndice en línea, $r > g$ es totalmente coherente con una desigualdad constante o incluso decreciente. En tercer lugar, $r - g$ no puede tomarse como una primitiva con la que hacer pronósticos, ya que tanto el tipo de interés como la tasa de crecimiento se ajustarán a los cambios en la política, la tecnología y la reserva de capital. Por último, en presencia de un modesto grado de movilidad social, incluso valores muy elevados de $r - g$ no conducen a la divergencia en la parte superior de la distribución —de nuevo, como mostramos en el Apéndice en línea.

Pero nuestro alegato principal atañe a lo que el énfasis en $r > g$ deja de lado: las instituciones y la política.

---

sencillo, se puede demostrar que, para una estructura dada de perturbaciones [económicas y demográficas], la desigualdad de la distribución de los patrimonios tiende a largo plazo a un nivel de equilibrio, y que este nivel de equilibrio de la desigualdad es una función creciente de la brecha $r - g$ entre la tasa de retorno del capital y la tasa de crecimiento» (p. 364). En el Apéndice en línea, analizamos una variedad de modelos económicos que vinculan $r - g$ con la desigualdad.

Piketty infravalora las instituciones frente a la fuerza aplastante de la desigualdad fundamental. Así, escribe:

> La desigualdad fundamental $r > g$ puede explicar el elevadísimo nivel de desigualdad de capital observado en el siglo XIX y, por lo tanto, en cierto sentido, el fracaso de la Revolución francesa. Y es que si bien las asambleas revolucionarias establecieron un impuesto universal (y al hacerlo nos proporcionaron un instrumento sin parangón para medir la distribución de la riqueza), el tipo impositivo era tan bajo —apenas el 1-2% sobre los patrimonios transmitidos directamente, por grandes que fueran, a lo largo del siglo XIX— que no tuvo un impacto mensurable sobre la diferencia entre la tasa de rendimiento del capital y la tasa de crecimiento. En tales condiciones, no es de extrañar que la desigualdad de la riqueza fuera tan grande en la Francia del siglo XIX, e incluso durante la *Belle Époque* republicana, como en la Gran Bretaña monárquica. La naturaleza formal del régimen tiene poca relevancia en comparación con la desigualdad $r > g$.[20]

De paso, debemos señalar que la evidencia empírica disponible sugiere que la Revolución francesa no solo

20. *Ibid.*, p. 365.

39

condujo a una disminución de la desigualdad,[21] sino que además cambió profundamente la trayectoria de los equilibrios institucionales y el crecimiento económico en Europa.[22]

Si la historia de los grandes pronunciamientos sobre las leyes generales del capitalismo se repite —quizá ocurre primero como tragedia y luego como farsa, según Marx lo expresó de forma pintoresca—, entonces podemos esperar el mismo tipo de frustración con las arrolladoras predicciones de Piketty cuando no se hagan realidad, tal como las de Ricardo y Marx no se hicieron realidad en el pasado. A continuación presentamos pruebas que sugieren que esto es, de hecho, bastante probable, ya que los datos disponibles contradicen tales predicciones.

21. C. Morrisson y W. Snyder, «The Income Inequality of France in Historical Perspective», *European Review of Economic History*, 4(1), 2000, 59-83.

22. D. Acemoglu *et al.,* «The Consequences of Radical Reform», *American Economic Review*, 101(7), 2011, 3286-3307.

DATOS TRANSNACIONALES SOBRE R > G
Y DESIGUALDAD EN LA CIMA[1]

La principal contribución de Piketty, a menudo junto con Emmanuel Saez, ha consistido en poner sobre la mesa una enorme cantidad de nuevos datos sobre la desigualdad.[2] Tales datos son presentados extensamente en *El capital en el siglo XXI*, y pueden darle al lector la impresión de que las pruebas que respaldan las leyes del capitalismo propuestas por Piketty son abrumadoras. Sin embargo, el autor no ofrece ni siquiera correlaciones básicas entre $r - g$ y cambios en la desigualdad, y mucho menos pruebas explícitas de un efecto causal. Por lo tanto, como primer paso, mostramos que los datos brindan poco respaldo a las leyes generales del capitalismo enunciadas por Piketty.

1. Con el objetivo, una vez más, de evitar abrumar al lector no especializado, este capítulo concreto es una versión ligeramente abreviada del texto original, que puede consultarse en: http://dx.doi.org/10.1257/jep.29.1.3. *(N. del E.)*

2. T. Piketty y E. Saez, «Income inequality in the United States, 1913-1998», art. cit.

Comenzamos utilizando como variable dependiente la proporción del ingreso nacional que corresponde al grupo de personas que constituyen 1% más rico (la proporción del 1% más rico).[3] Combinamos esta variable con datos del PIB recopilados por el Proyecto Maddison. En la primera parte de nuestro análisis no utilizamos datos explícitos sobre los tipos de interés, lo que nos da un panel desequilibrado que abarca el periodo 1870-2012. En el resto de dicho análisis, nuestro panel cubre el periodo posterior a la Segunda Guerra Mundial y emplea datos sobre el PIB procedentes de las Penn World Tables.[4]

3. F. Alvaredo *et al.* (comps.), World Top Incomes Database, http://topincomes.paris schoolofeconomics.eu/.

4. El número de países varía según la medida del tipo de interés utilizada y la especificación. En las columnas 1-3 del panel A, tenemos 27 países: Alemania, Argentina, Australia, Canadá, China, Colombia, Dinamarca, España, Estados Unidos, Finlandia, Francia, India, Indonesia, Irlanda, Italia, Japón, Malasia, Mauricio, Noruega, Nueva Zelanda, Países Bajos, Portugal, Reino Unido, Singapur, Sudáfrica, Suecia y Suiza. En el panel B, perdemos a China y Colombia en la columna 2, y a Portugal en la columna 3. En el panel A, columna 4, perdemos a los países no pertenecientes a la OCDE —China, Colombia, India, Indonesia, Malasia, Mauricio y Singapur— en relación con las columnas 1 a 3, y además a Alemania en las columnas 5 y 6. En el panel B, perdemos además a Portugal en las columnas 4 y 5, y a Portugal y Alemania en la columna 6. En la columna 7, tenemos a Uruguay junto con los 27 países de la columna 1. En las columnas 8 y 9, perdemos a Alemania y Uruguay. Además, con respecto al panel A, perdemos a China y Colombia

En la tabla 1 se muestran regresiones utilizando tres medidas diferentes de $r - g$. Primero, suponemos que todos los mercados de capital están abiertos y que todos los países de la muestra tienen el mismo tipo de interés (posiblemente variable en el tiempo). En este supuesto, la variación entre países en $r - g$ surgirá solo debido a la variación en la tasa de crecimiento, g. Las primeras tres columnas del panel A de esta tabla simplemente se valen de la variación en g utilizando datos anuales (es decir, establecemos $r - g = -g$ normalizando $r = 0$). En todo momento, se corrigen los errores estándar relativos a la heterocedasticidad arbitraria y la correlación serial a nivel de país; y como el número de países es pequeño (varía entre 18 y 28), tales errores se calculan utilizando el procedimiento de *bootstrap* propuesto por Cameron, Gelbach y Miller.[5] En la columna 1, observamos la relación entre la participación anual del 1% más rico y el crecimiento anual, en una especificación que incluye un conjunto completo de variables simuladas. La teoría de Piketty predice un coeficiente positivo y significativo en esta medición de $r - g$; es decir, en países con mayor

---

en la columna 8, y a Argentina, China, Colombia, Indonesia y Portugal en la columna 9.

5. A. C. Cameron *et al.*, «Bootstrap-Based Improvements for Inference with Clustered Errors», *Review of Economics and Statistics,* 90(3), 2008, 414-427.

Tabla 1
Coeficientes de regresión de diferentes indicadores de $r − g$
(La variable dependiente es la participación del 1% más rico en el ingreso nacional)

	Invariación transnacional en r			Datos OCDE sobre tasas de interés			$r = MPK − δ$		
	(1)	(2)	(3)	(4)	(5)	(6)	(7)	(8)	(9)
Panel A: Estimaciones empleando el panel anual									
Estimación de $r − g$ en t	−0.006 (0.012)	−0.018* (0.010)	−0.018* (0.011)	−0.066** (0.027)	−0.038** (0.017)	−0.040* (0.021)	0.029 (0.033)	−0.004 (0.009)	−0.011 (0.008)
Estimación de $r − g$ en $t − 1$			0.001 (0.009)			−0.003 (0.015)			0.005 (0.014)
Estimación de $r − g$ en $t − 2$			0.005 (0.008)			0.010 (0.019)			−0.012 (0.008)
Estimación de $r − g$ en $t − 3$			−0.002 (0.008)			−0.012 (0.024)			0.014* (0.008)
Estimación de $r − g$ en $t − 4$			−0.005 (0.007)			−0.005 (0.013)			0.006 (0.010)
Significación conjunta de los retardos [valor *p*]			4.55 [0.47]			7.47 [0.19]			12.40 [0.03]
Efecto a largo plazo [estimación del valor *p* > 0]		−0.16 [0.13]	−0.18 [0.15]		−0.39 [0.29]	−0.47 [0.34]		−0.04 [0.68]	0.03 [0.89]
Persistencia de la participación del 1% más rico [estimación del valor *p* < 1]		0.89 [0.00]	0.89 [0.00]		0.90 [0.31]	0.89 [0.30]		0.90 [0.11]	0.92 [0.18]
Observaciones	1,646	1,233	1,226	627	520	470	1,162	905	860
Países	27	27	27	19	18	18	28	26	26

(*Continúa*)

44

g, los ingresos del 99% inferior crecerán más, lo que limitará la participación del 1% más rico. Pero en lugar de ello tenemos una estimación negativa que es estadísticamente irrelevante.

En la columna 2, incluimos a la derecha cinco retardos anuales de la participación del 1% más rico para modelizar la persistencia significativa de las mediciones de la desigualdad. Aunque las especificaciones que incluyen la variable dependiente retardada en el lado derecho están potencialmente sujetas al sesgo de Nickell,[6] dada la longitud aquí del panel es poco probable que esto suponga un problema —ya que este sesgo desaparece a medida que la dimensión temporal aumenta—. La prueba en la parte inferior de la tabla muestra que la participación retardada del 1% más rico es de hecho altamente significativa. En este caso, el impacto de *r* – *g* es negativo y significativo al 10%, lo opuesto a la predicción de *El capital en el siglo XXI*. En la columna 3 se incluyen simultáneamente cinco retardos anuales del PIB y cinco retardos de la participación del 1% más rico. De nuevo, no hay evidencias de un impacto positivo de *r* – *g* en la desigualdad en la cima. Por el contrario, la relación es otra vez negativa, como muestra el primer

---

6. S. Nickell, «Biases in Dynamic Models with Fixed Effects», *Econometrica*, 49(6), 1981, 1417-1426.

Tabla 1-Continuación
Coeficientes de regresión de diferentes indicadores de $r - g$
(La variable dependiente es la participación del 1% más rico en el ingreso nacional)

	Invariación transnacional en r			Datos OCDE sobre tasas de interés			$r = MPK - \delta$		
	(1)	(2)	(3)	(4)	(5)	(6)	(7)	(8)	(9)
Panel B: estimaciones con datos de 10 años (columnas 1, 2, 4, 5, 7, 8) y 20 años (columnas 3, 6, 9)									
Promedio $r - g$	0.055	−0.036	−0.252	−0.114	−0.121	−0.110	0.069	0.148	0.238
	(0.110)	(0.118)	(0.269)	(0.138)	(0.132)	(0.320)	(0.118)	(0.100)	(0.164)
Efecto a largo plazo [estimación del valor $p > 0$]		−0.05 [0.76]			−0.25 [0.44]			0.29 [0.22]	
Persistencia de la participación del 1% más rico [estimación del valor $p < 1$]		0.32 [0.00]			0.52 [0.02]			0.48 [0.00]	
Observaciones	213	181	106	82	80	43	135	124	61
Países	27	25	24	18	18	17	27	25	22

Nota: En la tabla superior se muestran distintas variaciones de $r - g$ y la participación del 1% más rico en el ingreso nacional. La variable dependiente está disponible desde el año 1871 en adelante para los países incluidos en la World Top Incomes Database —F. Alvaredo, T. Atkinson, T. Piketty y E. Saez (comps.), World Top Incomes Database, http://topincomes.parisschoolofeconomics.eu/—. Hemos empleado diferentes indicadores de $r - g$: las columnas 1 a 3 utilizan las tasas de crecimiento de Maddison, y suponen que no hay variación entre países en lo que respecta a las tasas de interés. Estos datos están disponibles desde 1870 en

46

adelante. Las columnas 4 a 6 usan tasas de interés reales, calculadas restando la inflación realizada de los rendimientos nominales de los bonos del Estado a largo plazo, y las tasas de crecimiento de las Penn World Tables. Estos datos solo están disponibles desde el año 1955 para los países que forman parte de la OCDE (Organización para la Cooperación y el Desarrollo Económico). Las columnas 7 a 9 usan $r = \text{MPK} - \delta$, construida como se explica en el texto principal utilizando datos de las Penn World Tables. Estos datos están disponibles desde 1950 en adelante. El Panel A es un panel anual no equilibrado. Las columnas 2, 5 y 8 añaden cinco retardos de la variable dependiente, y presentan la persistencia estimada de la participación del 1% más rico en el ingreso nacional y el efecto estimado a largo plazo de $r - g$ en la variable dependiente. Las columnas 3, 6 y 9 añaden cuatro retardos de $r - g$ en el lado derecho, y presentan el efecto a largo plazo de un aumento permanente del 1% en $r - g$ y una prueba de la significación conjunta de estos retardos (con su estadístico χ^2 y su valor p). El panel B es un panel no equilibrado con observaciones cada 10 o 20 años (columnas 1, 6, 9). Las columnas 1, 2, 4, 5, 7 y 8 presentan estimaciones de una regresión de la participación del 1% en el ingreso nacional al final de cada década en la muestra (es decir, 1880, 1890, ..., 2010, dependiendo de la disponibilidad de datos). Las columnas 2, 5 y 8 agregan un retardo de la variable dependiente en el lado derecho. Finalmente, las columnas 3, 6 y 9 presentan estimaciones de una regresión de la participación del 1% más rico al final de cada período de 20 años en la muestra (es decir, 1890, 1910, ..., 2010, dependiendo de la disponibilidad de datos). Todas las especificaciones incluyen un conjunto completo de efectos fijos por país y año. Los errores estándar relativos a la heterocedasticidad arbitraria y la correlación serial a nivel de país, que aparecen indicados entre paréntesis, se calculan utilizando el procedimiento de *bootstrap* propuesto por A. Colin Cameron, Jonah B. Gelbach y Douglas L. Miller («Bootstrap-Based Improvements for Inference with Clustered Errors», *Review of Economics and Statistics*, 90(3), 2008, 414-427). Asimismo, *, ** y *** indican niveles de significancia del 10%, 5% y 1%, de manera respectiva.

retardo y también el efecto acumulativo a largo plazo que figura en la parte inferior.

Lo que importa, con respecto a la desigualdad, no tienen por qué ser las variaciones anuales o quinquenales empleadas en el panel A, sino las oscilaciones a más largo plazo de $r - g$. El panel B estudia esta posibilidad examinando datos de 10 años (columnas 1, 2, 4, 5, 7, 8) y 20 años (columnas 3, 6, 9). Estas especificaciones tampoco proporcionan ninguna evidencia de una relación positiva entre esta medida de $r - g$ y la participación del 1% más rico.

En las columnas 4 a 6 del panel A, trabajamos con una medida diferente de $r - g$ basada en el tipo de interés realizado, partiendo de datos sobre los rendimientos nominales de los bonos del Estado a largo plazo y de las tasas de inflación de la OCDE. La relación es de nuevo negativa y ahora estadísticamente significativa al 5% en las columnas 4 y 5, y al 10% en la columna 6. En el panel B, cuando utilizamos paneles de 10 y 20 años, la relación sigue siendo negativa pero es ahora estadísticamente insignificante.

Una cuestión a tener en cuenta en los resultados de las columnas 4 a 6 es que la tasa de interés relevante para los muy ricos puede no ser la de los bonos del Estado a largo plazo. Por ello, las columnas 7 a 9 utilizan el procedimiento propuesto por Caselli y Feyrer[7] para calcular el producto marginal del capital, para toda la economía, menos la tasa de depreciación, y construyen $r - g$ utilizando esos cálculos. Ahora la relación es más inestable. En algunas especificaciones se vuelve positiva, pero nunca es estadísticamente significativa.

Las tablas A2 y A3 ofrecidas en el Apéndice en línea muestran que estos resultados son robustos al incluir además el PIB per cápita, el crecimiento demográfico y las tendencias específicas de cada país, y lo son también al emplear como variable dependiente la medida de desigualdad del 5% más rico. La tabla A4 del apéndice verifica que los resultados son similares si limitamos el análisis a una muestra común que consiste en los países de la OCDE desde 1950, y la tabla A5 del citado apéndice muestra que centrarse en la proporción de las rentas del capital en el ingreso nacional, en lugar de hacerlo en la participación del 1% más rico, conduce a un conjunto similar de resultados, sin proporcionar evidencias sólidas de un impacto de $r - g$ en la desigualdad.

Aunque estas evidencias son provisionales y obviamente no pretendemos estimar ningún tipo de relación causal entre $r - g$ y la participación del 1% más rico, sorprende que esas correlaciones condicionales no brinden

7. F. Caselli y J. Feyrer, «The Marginal Product of Capital», *Quarterly Journal of Economics*, 122(2), 2007, 535-568.

apoyo a lo enfatizado por *El capital en el siglo XXI*. Esto no quiere decir que un r más alto no sea una fuerza conducente a una mayor desigualdad en la sociedad —probablemente lo sea—. Lo que ocurre es que hay muchas otras fuerzas que promueven la desigualdad, y nuestros análisis sugieren que, al menos en un sentido correlacional, estas son cuantitativamente más importantes que $r - g$.

UNA HISTORIA
DE DOS DESIGUALDADES:
SUECIA Y SUDÁFRICA

Nos valdremos ahora de la historia de la desigualdad en Suecia y en Sudáfrica durante el siglo XX para mostrar cómo la dinámica de tal desigualdad parece estar vinculada a las trayectorias institucionales de esas sociedades —más que a las fuerzas de $r > g$—. Además, estos dos casos muestran que la proporción del ingreso nacional que va a parar al 0,1% o al 1% más rico puede dar una visión distorsionada de lo que realmente está sucediendo con la desigualdad en términos más generales. De hecho, poner el foco en la desigualdad en la cima conduce inevitablemente a una visión menor e insuficiente en lo que ocurre en la parte media o inferior de la distribución del ingreso.

El gráfico 1 muestra la evolución de la participación del 1% más rico en el ingreso nacional en Suecia y Sudáfrica desde principios del siglo XX. Por supuesto, hay algunas diferencias. Esta participación fue inicialmente más alta en Suecia que en Sudáfrica, pero cayó más rápido, sobre todo después de la Primera Guerra Mundial. El aumento reciente de dicha participación del 1% más rico también comienza antes en Suecia y es menos pronunciado que el que observamos en Sudáfrica en las décadas de 1990 y 2000. Pero en términos generales la proporción se comporta de manera similar en ambos países: comienza siendo alta, cae luego casi constantemente hasta la década de 1980 y después aumenta. Esa dinámica común a dos países tan diferentes —la cuna de la socialdemocracia, por un lado, y una excolonia con una historia de trabajo forzado y expropiación de tierras, gobernada durante gran parte del siglo XX por una minoría blanca racista, por otro lado— parecería reforzar el argumento de Piketty, según el cual las leyes generales del capitalismo explican las grandes oscilaciones de la desigualdad, y lo hacen sin necesidad de conceder peso a las instituciones y la política. Uno quizá podría incluso afirmar, como hace Piketty en el ejemplo de la Revolución francesa, que los efectos del *apartheid* y la socialdemocracia son detalles insignificantes frente a la fuerza fundamental de $r > g$.

Pero la realidad es muy distinta. Por ejemplo, en Sudáfrica la institucionalización del dominio blanco después de 1910 condujo rápidamente a la Ley de las Tierras de Nativos en 1913, que asignó el 93% de la tierra a la «economía blanca», mientras que los negros (alrededor del 59% de la población) obtuvieron el 7% de dicha tierra. En la economía blanca, se volvió ilegal que los negros poseyeran propiedades o negocios, y se les prohibieron explícitamente muchos tipos de relaciones contractuales. En la década de 1920, la «barrera racial» les impedía acceder a prácticamente todas las ocupaciones cualificadas y profesionales.[1] Después de 1948, el Estado del *apartheid* se fortaleció más aún aplicando una amplia gama de medidas para imponer la segregación social y educativa entre blancos y negros. Finalmente, en 1994, las instituciones del *apartheid* colapsaron cuando Nelson Mandela se convirtió en el primer presidente negro de Sudáfrica. Sin embargo, el gráfico 1, contemplado de forma ingenua, parecería sugerir que el régimen del *apartheid,* que estaba explícitamente estructurado para mantener bajos los salarios de los negros y beneficiar a los blancos, fue responsable de una gran reducción de la desigualdad, mientras que el fin del régimen habría provocado una explosión de dicha desigualdad.

¿Cómo es posible? La respuesta es que medir la desigualdad centrándose en la proporción del 1% más rico puede dar una imagen engañosa de la dinámica de

1. Véanse S. T. van der Horst, *Native Labour in South Africa*, Frank Cass and Co., Londres, 1942; y C. H. Feinstein, *An Economic History of South Africa, op. cit.,* caps. 2-4.

Gráfico 1
Participación del 1% más rico en Suecia y Sudáfrica

Fuentes: Los datos sobre Sudáfrica provienen de Alvaredo y Atkinson (2010); los de Suecia, de Roine y Waldenström (2009).
Nota: El gráfico muestra la participación del 1% más rico en el ingreso nacional en Suecia y Sudáfrica.

tal desigualdad en determinados contextos. El gráfico 2 muestra la proporción del 1% más rico junto con otras mediciones de la desigualdad en Sudáfrica, que se comportan de manera distinta. La desigualdad entre blancos y negros creció enormemente en el siglo xx, si atendemos a los salarios de unos y otros en la minería de oro, un motor esencial de la economía sudafricana en ese momento.[2] Ello representa una continuación de las ten-

2. Los datos sobre los salarios provienen de F. Wilson, *Labour in the South African Gold Mines, 1911-1969,* Cambridge University Press, Nueva York, 1972.

Gráfico 2
Participaciones de los más ricos y desigualdad intergrupal en Sudáfrica

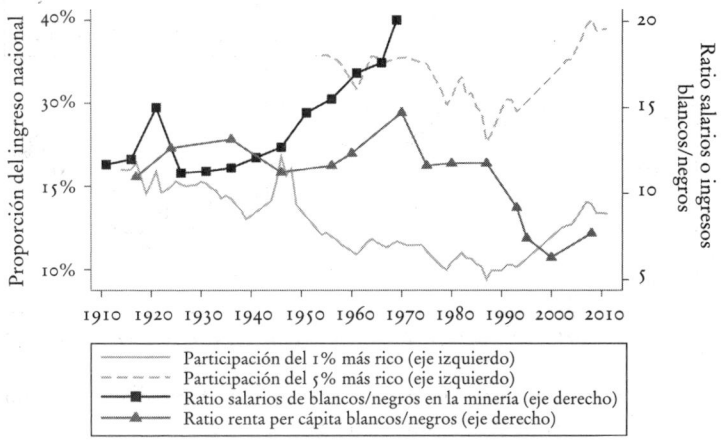

Nota: El eje izquierdo muestra la participación del 1% y del 5% más ricos en Sudáfrica (datos de Alvaredo y Atkinson, 2010). El eje derecho muestra la ratio salarios de blancos/negros en la minería (datos de Wilson, 1972) y la ratio renta per cápita blancos/negros (datos de Leibbrandt, Woolard, Finn y Argent, 2010).

dencias observadas en el siglo XIX.[3] Y el patrón se ve confirmado si recurrimos a los datos censales y observamos la relación entre los ingresos per cápita de los blancos y los negros; la diferencia entre unos y otros tiene algunos altibajos pero muestra un aumento considerable desde 1911 hasta 1970, fecha a partir de la cual ex-

3. Abordadas por P. de Zwart, «South African Living Standards in Global Perspective, 1835-1910», *Economic History of Developing Regions,* 26(1), 2011, 49-74.

perimenta un rápido descenso. Incluso la participación del 5% más rico se comporta de manera algo distinta a la del 1% más rico —aunque los datos disponibles para esta variable comienzan en la década de 1950.

Si uno quiere entender la desigualdad económica en Sudáfrica, lo cierto es que los cambios en las instituciones del mercado laboral y los equilibrios políticos parecen mucho más relevantes que r y g. De hecho, las mediciones alternativas de la desigualdad en el gráfico 2 muestran que, durante el periodo en que la participación del 1% más rico estaba cayendo, Sudáfrica se convirtió en uno de los países más desiguales del mundo. Como veremos más adelante, los puntos de inflexión de la desigualdad en dicho país tienen raíces institucionales y políticas.

El gráfico 3 muestra que, en Suecia, la disminución de la participación del 1% más rico entre 1965 y 1980 va acompañada de una caída mucho más generalizada de la desigualdad, medida por el coeficiente de Gini de la renta disponible de los hogares. Y durante todo el periodo, las dos series del índice de Gini muestran tendencias similares para las participaciones del 1% y el 5% más ricos. Sin embargo, también en el caso sueco la historia de la desigualdad parece estar relacionada no con supuestas leyes generales del capitalismo y cambios en r y g, sino más bien con cambios instituciona-

Gráfico 3
Participaciones de los más ricos y desigualdad general en Suecia

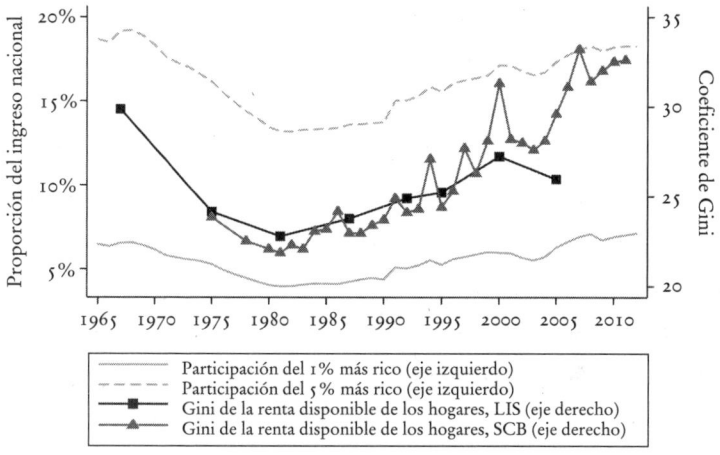

Participación del 1% más rico (eje izquierdo)
Participación del 5% más rico (eje izquierdo)
Gini de la renta disponible de los hogares, LIS (eje derecho)
Gini de la renta disponible de los hogares, SCB (eje derecho)

Nota: El gráfico muestra en el eje vertical izquierdo la participación del 1% y del 5% más ricos en Suecia (datos de Roine y Waldenström, 2009). En el eje derecho se muestra el índice Gini de la renta disponible de los hogares —datos de Milanovic (2013), Luxembourg Income Study (LIS) y Oficina Central de Estadísticas de Suecia (SCB).

les.[4] La caída inicial de la participación del 1% más rico coincidió con grandes cambios en la política gubernamental: por ejemplo, un rápido aumento de la redistribución en la década de 1920, partiendo de prácticamente nada en la década de 1910,[5] y un incremento de los tipos

4. E. Bengtsson, «Labour's Share in Twentieth Century Sweden», *Scandinavian Economic History Review,* 62 (3), 2014, 290-314.
5. P. H. Lindert, «The Rise of Social Spending, 1880–1930», *Explorations in Economic History,* 31(1), 1994, 1-37.

marginales máximos del IRPF, desde alrededor del 10% en 1910 al 40% en 1930 y el 60% en 1940.[6] El creciente papel del gobierno y de la fiscalidad redistributiva tuvo probablemente un impacto negativo en la participación del 1% más rico. Los datos de los gráficos 1 y 3 corresponden a la desigualdad antes de impuestos, pero es probable que se vean afectados por dichos impuestos, que influyen en el esfuerzo y la inversión,[7] y también directamente por la compresión salarial creada por las instituciones del mercado laboral sueco. De hecho, el porcentaje de afiliación sindical aumentó rápidamente desde un 10% de la fuerza laboral durante la Primera Guerra Mundial al 35% en 1930 y más del 50% en 1940.[8]

Piketty destaca el papel de la destrucción de la reserva de capital y las caídas de los precios de los activos tras las dos guerras mundiales como factores clave para explicar la disminución de la desigualdad en la cima durante gran parte del siglo xx. Pero estos factores difícilmente pueden explicar las tendencias en Suecia o Sudáfrica. Suecia fue neutral en las dos guerras, y si bien

6. J. Roine *et al.*, «The Long-Run Determinants of Inequality», *Journal of Public Economics,* 93(7-8), 2009, 974-988, p. 982.
7. *Ibid.*
8. A. Donado y K. Wälde, «How Trade Unions Increase Welfare», *Economic Journal,* 122(563), 2012, 990-1009.

Sudáfrica proporcionó en ambos conflictos tropas y recursos a las potencias aliadas, ni la economía sueca ni la sudafricana sufrieron una destrucción directa de sus reservas de capital.

UN ENFOQUE CENTRADO EN LAS INSTITUCIONES

Un marco satisfactorio para el análisis de la desigualdad debería tener en cuenta tanto el efecto de los diferentes tipos de instituciones en la distribución de los recursos como la evolución endógena de dichas instituciones. A continuación desarrollamos ese marco y lo aplicamos a la evolución de la desigualdad (y de las instituciones) en Suecia y Sudáfrica. Está basado en el que propusimos en nuestro trabajo «Las instituciones como causa fundamental del crecimiento económico a largo plazo».[1] Adaptando el gráfico 1 de aquel trabajo, nuestro marco puede resumirse de la siguiente manera:

$$
\left.
\begin{array}{l}
\text{Instituciones} \\
\text{políticas}_t \\
\\
\text{Desigualdad}_t
\end{array}
\Rightarrow
\begin{array}{l}
\text{Poder} \\
\text{político} \\
\textit{de iure}_t \\
\text{y} \\
\text{poder} \\
\text{político} \\
\textit{de facto}_t
\end{array}
\right\}
\Rightarrow
\begin{array}{l}
\text{Instituciones} \\
\text{económicas}_t
\end{array}
\Rightarrow
\left.
\begin{array}{l}
\text{Tecnología}_t, \\
\text{cualificaciones}_t \\
\text{y precios}_t
\end{array}
\right\}
\Rightarrow
\left\{
\begin{array}{l}
\text{Desempeño} \\
\text{económico}_t \\
\text{y} \\
\text{desigualdad}_{t+1}
\end{array}
\right.
$$

$$
\Rightarrow
\begin{array}{l}
\text{Instituciones} \\
\text{políticas}_{t+1}
\end{array}
$$

1. D. Acemoglu, S. Johnson y J. A. Robinson, «Institutions as

En este enfoque, las instituciones políticas predo-
minantes en un momento dado determinan la distribución del poder político *de iure:* por ejemplo, qué grupos
están privados de derechos, cómo se disputa el poder
político, qué límites encuentran las élites económicas y
políticas, etc.[2] Además, las instituciones políticas, junto
con la desigualdad en la sociedad, afectan a la distribución del poder político *de facto.* Por ejemplo, el poder
de facto —que designa el poder político, las coerciones
generadas mediante el acceso a los medios de violencia,
la acción colectiva, las instituciones informales y las nor-
mas sociales— depende del grado de organización de
los diferentes grupos sociales y económicos, de cómo
resuelven estos sus problemas de acción colectiva y de
cómo los recursos influyen en su capacidad de hacerlo.

---

a Fundamental Cause of Long-Run Growth», en P. Aghion y S. N.
Durlauf (eds.), *Handbook of Economic Growth Volume 1A*, Elsevier, Ámsterdam, 2005, pp. 385-472.

2. Véanse D. Acemoglu y J. A. Robinson, «Why Did the West
Extend the Franchise?», *Quarterly Journal of Economics,* 115(4),
2000, 1167-1199; *id.,* «Persistence of Power, Elites, and Institutions», *American Economic Review* 98(1), 2008, 267-293; D. Acemoglu, «Oligarchic versus Democratic Societies», *Journal of the
European Economic Association,* 6(1), 2008, 1-44; D. Acemoglu, G.
Egorov y K. Sonin, «Dynamics and Stability of Constitutions,
Coalitions, and Clubs», *American Economic Review* 102(4), 2012,
1446-1476; *id.,* «Political Economy in a Changing World», *Journal
of Political Economy,* 123(5), 2015, 1038-1086.

El poder *de facto* y el *de iure* determinan conjuntamente las instituciones económicas y también la estabilidad y el cambio de las instituciones políticas.

A su vez, las instituciones económicas afectan a la oferta de cualificaciones laborales —un determinante crucial de la desigualdad a lo largo de la historia y más aún hoy—. Además, influyen en los precios de los bienes y de los factores productivos —mediante la regulación de dichos precios y de la estructura del mercado, la fiscalidad o la influencia en el poder de negociación de los individuos y de los distintos factores productivos—. Por último, afectan a la tecnología: influyen en si las tecnologías existentes son empleadas o no y con qué eficiencia, así como en la evolución de dicha tecnología mediante las innovaciones endógenas y el aprendizaje práctico. Por ejemplo, hay estudios que muestran cómo los salarios bajos, resultantes de factores de oferta o institucionales, pueden a veces frenar la adopción de tecnología o incluso el progreso tecnológico;[3] y trabajos posteriores proporcionan datos que concuerdan con este patrón.[4]

---

3. Veánse: J. Zeira, «Workers, Machines, and Economic Growth», *Quarterly Journal of Economics* 113(4), 1998, 1091-1117; D. Acemoglu, «When Does Labor Scarcity Encourage Innovation?», *Journal of Political Economy* 118(6), 2010, 1037-1078.
4. R. Hornbeck y S. Naidu, «When the Levee Breaks», *American Economic Review* 104(3), 2014, 963-990.

Así pues, las instituciones económicas, mediante su impacto conjunto sobre la tecnología, la oferta de cualificaciones y los precios relativos, afectan no solo a r y g, sino, lo cual es más importante, a la desigualdad. Desde esta perspectiva, la desigualdad no debería contemplarse como si siempre se hallase resumida en una única estadística —como el índice de Gini o la participación del 1% más rico—. Más bien, los factores económicos y políticos aquí subrayados determinan la distribución de los recursos de manera más general.

No pretendemos sugerir un enfoque determinista de la evolución de las instituciones, la tecnología y la desigualdad. Las flechas del esquema ofrecido más arriba señalan influencias, en las que media la interacción de diversos eventos estocásticos y de la economía política. Así, desarrollos económicos similares darán lugar a respuestas institucionales muy diferentes según el equilibrio político prevaleciente, como muestran las dispares historias de México y Estados Unidos en el siglo xx. Tampoco pretendemos insinuar que nuestro enfoque abarca todas las consecuencias económicas relevantes, o todas aquellas que son relevantes para la desigualdad. Lo crucial es que la tecnología evolucionará con el tiempo no solo debido a factores institucionales, sino también debido a los avances científicos, y porque responde a otros cambios económicos, incluidos los precios de los factores, la abundancia y escasez de diferentes tipos de cualificaciones y la estructura del mercado.[5] Además, los avances tecnológicos pueden a su vez afectar a la dinámica institucional.[6] No obstante, nuestro sencillo enfoque es útil para resaltar el relevante papel que los equilibrios institucionales y sus cambios pueden desempeñar en la configuración de la desigualdad.

Apliquémoslo ahora a Sudáfrica. Hasta 1910, quienes no eran blancos podían votar en El Cabo y Natal siempre que cumplieran ciertas condiciones relativas a la riqueza, los ingresos o las propiedades (aunque tal derecho al voto estaba más severamente restringido en Natal). Después de 1910, se estableció un sufragio específicamente blanco en Transvaal y el Estado Libre de Orange, que luego se extendió de manera gradual al resto del país, hasta que en 1936, en El Cabo, se privó definitivamente a los negros del derecho al voto. Las instituciones *de iure* del Estado del *apartheid* consolidaron el poder político de la minoría blanca, y las leyes segrega-

5. D. Acemoglu, «Directed Technical Change», «Labor- and Capital-Augmenting Technical Change» y «When Does Labor Scarcity Encourage Innovation?», arts. cits.

6. D. Acemoglu, P. Aghion y G. L. Violante, «Deunionization, Technical Change and Inequality», *Carnegie-Rochester Conference Series on Public Policy*, 55(1), 2001, 229-264; J. Hassler *et al.*, «The Survival of the Welfare State», *American Economic Review* 93(1), 2003, 87-112.

cionistas y otros aspectos del régimen crearon instituciones económicas, como la distribución sesgada de la tierra y la «barrera del color», destinadas a promover los intereses de tal minoría blanca. Entonces, ¿por qué esto y el desarrollo del *apartheid* social después de 1948 llevaron a una caída de la participación del 1% más rico?

La cuestión principal es que la dinámica política de Sudáfrica en esa época no puede contemplarse simplemente como un conflicto entre grupos monolíticos de blancos y negros. Más bien, el *apartheid* debería ser visto como una coalición entre trabajadores, agricultores y dueños de minas blancos —en perjuicio de los negros, pero también de los industriales blancos que tenían que pagar salarios muy elevados a los trabajadores blancos—.[7] Así pues, una de las razones de la reducción de la participación del 1% más rico fue que sus beneficios se vieron mermados por los salarios de la mano de obra blanca. De hecho, al privar a los industriales de una mayor reserva de trabajadores cualificados y aumentar el precio de la mano de obra blanca —porque la oferta de mano de obra estaba artificialmente restringida—, las leyes frenaron aún más el desarrollo económico sudafricano.

7. M. Lundahl, «The Rationale of Apartheid», *American Economic Review* 72(5), 1982, 1169-1179; M. Lipton, *Capitalism and Apartheid*, Gower/Maurice Temple Smith, Londres, 1985.

Además, dentro del *apartheid* había fuerzas que abogaban por una redistribución que fluyese desde los muy ricos hacia los blancos más pobres. De hecho, los debates políticos sudafricanos de la década de 1920, que condujeron a la propagación de la «barrera del color» y posteriormente a la victoria del Partido Nacional en 1948, estaban relacionados con lo que se llamó «el problema de los blancos pobres», lo cual muestra la importancia de la coalición específica que sustentaba el *apartheid*.[8]

La reducción de las enormes diferencias salariales entre blancos y negros a partir de la década de 1970 (véase el gráfico 2) debe contemplarse en el contexto del debilitamiento político del régimen del *apartheid* y sus crecientes problemas económicos.[9] El punto de inflexión interno lo constituyó la capacidad de los trabajadores negros para organizar protestas y disturbios y ejercer su poder *de facto*, sobre todo tras el levantamien-

8. F. Alvaredo y A. B. Atkinson analizan otros factores, como el precio del oro, en «Colonial Rule, Apartheid and Natural Resources», Centre for Economic Policy Research Discussion Paper 8155, 2010.

9. F. Wilson, «Current Labor Issues in South Africa», en R. M. Price y C. G. Rosberg (eds.), *The Apartheid Regime*, University of California Press, Berkeley, 1980; M. Mariotti, «Labour Markets during Apartheid in South Africa», *Economic History Review,* 65(3), 2012, 1100-1122.

to de Soweto de 1976, que condujo a la aceptación de los sindicatos negros. Este proceso se vio favorecido por la creciente presión internacional, que indujo a las empresas británicas y estadounidenses con sede en Sudáfrica a luchar contra la discriminación en el lugar de trabajo. En última instancia, este poder *de facto* logró el colapso del régimen del *apartheid* y dio lugar a un nuevo conjunto de instituciones políticas y a la emancipación de los sudafricanos negros. El nuevo conjunto de instituciones económicas y sus consecuencias para la desigualdad se derivan de estos cambios políticos. Y en consonancia con nuestro enfoque, las instituciones del *apartheid* bien pueden haber retroalimentado la evolución de la tecnología; por ejemplo, impidiendo la mecanización de la minería de oro.[10] Cuando el poder del *apartheid* comenzó a erosionarse en la década de 1970, los empresarios blancos respondieron rápidamente sustituyendo trabajo por capital y orientando la tecnología hacia el ahorro de mano de obra.[11]

Como se puede ver en el gráfico 1, la participación del 1% más rico experimenta un marcado aumento des-

10. A. Spandau, «Mechanization and Labour Policies on South African Mines», *South African Journal of Economics,* 48(2), 1980, 110-120.

11. J. Seekings y N. Nattrass, *Class, Race, and Inequality in South Africa*, Yale University Press, New Haven, 2005, p. 403.

pués de 1994, coincidiendo con el derrocamiento definitivo de las formidables instituciones extractivas del *apartheid*. No ha surgido todavía un consenso claro sobre las causas del aumento de la desigualdad tras el *apartheid,* pero una de las razones se relaciona con el hecho de que las diferencias de ingresos entre los negros (hasta entonces artificialmente reducidas) comenzaron a ampliarse a medida que una parte de la población se benefició de las nuevas oportunidades empresariales, la educación y los enérgicos programas de acción afirmativa.[12] Sean cuales fueren las explicaciones detalladas de ello, cuesta pensar que el aumento posterior a 1994 de la participación del 1 % más rico representa la desaparición de una Sudáfrica previamente igualitaria.

El papel que el poder político *de facto* y *de iure* desempeña en la configuración de las instituciones políticas y económicas no es menos central en Suecia, donde el punto de inflexión vino dado por el proceso de democratización. El sufragio masculino adulto fue aprobado en 1909, pero la verdadera democracia parlamentaria solo se desarrolló tras la promulgación de las leyes reformistas de 1918, que conllevaron eleccio-

12. M. Leibbrandt *et al.,* «Trends in South African Income Distribution and Poverty since the Fall of Apartheid», *OECD Social, Employment and Migration Working Papers, No. 101,* OECD Publishing, 2010.

nes más competitivas e importantes restricciones al poder de la monarquía. Tanto la reforma de 1909 como la
llegada de la democracia parlamentaria en 1918 fueron
respuestas al malestar, las huelgas y el poder *de facto* de
los trabajadores privados de sus derechos, sobre todo
en la atmósfera de incertidumbre y malestar social que
siguió a la Primera Guerra Mundial.[13] Como explica R.
B. Collier:

> Las leyes reformistas no fueron aprobadas hasta la
> crisis económica de 1918 y las consiguientes manifesta-
> ciones obreras por la democracia, lideradas por los so-
> cialdemócratas. De hecho, en noviembre de 1918, las
> protestas obreras llegaron a tal punto que el Partido
> Conservador y las clases altas las percibieron como una
> amenaza revolucionaria.[14]

La democracia sueca sentó entonces las bases de las
modernas instituciones del mercado laboral y del Estado de bienestar, y creó una poderosa presión a la baja
sobre la desigualdad, incluida la participación del 1%
más rico. Pero el conflicto democrático en Suecia no fue

13. T. A. Tilton, «The Social Origins of Liberal Democracy»,
American Political Science Review, 68(2), 1974, 561-571.
14. R. B. Collier, *Paths toward Democracy*, Cambridge University Press, Nueva York, 1999, p. 83.

una simple contienda entre grupos monolíticos de trabajadores y empresas. Como observan Moene y Wallerstein,[15] la socialdemocracia fue una coalición de los extremos de la distribución del ingreso —los empresarios y los trabajadores no cualificados— contra la clase media y los trabajadores cualificados.[16] En consecuencia, las instituciones económicas suecas comprimieron fuertemente los salarios de los trabajadores cualificados en relación con los no cualificados, lo cual impulsó la rápida disminución de la desigualdad, medida en términos amplios. Algunas empresas se beneficiaron de estos acuerdos, en particular las de los sectores expuestos a la competencia internacional, que utilizaron la negociación salarial centralizada como una herramienta para detener la presión al alza de los sueldos —presión ejercida por los sectores no ligados al comercio internacional,

15. K. O. Moene y M. Wallerstein, «How Social Democracy Worked», *Politics and Society* 23(2), 1995, 185-211; *id.*, «Social Democracy as a Development Strategy», en P. Bardhan *et al.* (eds.), *Globalization and Egalitarian Redistribution*, Princeton University Press, Princeton, 2006.

16. Para teorías sobre el surgimiento de tales coaliciones políticas, véanse también G. Saint-Paul, *The Political Economy of Labour Market Institutions*, Oxford University Press, Nueva York, 2000; P. Gourevitch, *Politics in Hard Times*, Cornell University Press, Nueva York, 1986; G. L. Luebbert, *Liberalism, Fascism, or Social Democracy*, Oxford University Press, Nueva York, 1991.

como la construcción —.[17] Las instituciones del mercado laboral sueco también influyeron en la trayectoria de la tecnología. Por ejemplo, Moene y Wallerstein destacan que la compresión salarial actuó como un impuesto a las fábricas ineficientes y estimuló el surgimiento de nuevas fábricas y la rápida modernización tecnológica.[18] Así pues, teniendo en cuenta los altos salarios de los trabajadores no cualificados y las instituciones del Estado de bienestar, no sorprende que la participación del 1% superior disminuyese en Suecia, aun cuando a los empresarios también les beneficiaron algunos aspectos de las instituciones del mercado laboral sueco.

¿Cómo se explica entonces que, en las últimas dos décadas aproximadamente, la participación del 1% superior parezca aumentar no solo en Sudáfrica y Suecia, sino en casi todas las economías de la OCDE? Es probable que los factores no incluidos en nuestro enfoque —la globalización, el aumento del tamaño de las grandes corporaciones, los cambios tecnológicos sesgados que favorecen la cualificación— sean importantes. Pero estas fuerzas no son autónomas, sino que probable-

17. P. Swenson, «Bringing Capital Back In, or Social Democracy Reconsidered», *World Politics* 43(4), 1991, 513-544; *id., Capitalists against Markets*, Oxford University Press, Nueva York, 2002.
18. K. O. Moene y M. Wallerstein, «Pay Inequality», *Journal of Labor Economics,* 15(3), 1997, 403-430.

mente han respondido a otros cambios en la economía mundial. Por ejemplo, en uno de nuestros estudios[19] se sostiene que el cambio tecnológico con sesgo hacia la cualificación no puede entenderse sin el aumento de la oferta de trabajadores cualificados en los Estados Unidos y en la economía mundial: tal aumento de la oferta hace que estos tipos de tecnologías sean más rentables. Y la globalización y el aumento del tamaño de las corporaciones globales son en sí mismos consecuencias de los cambios regulatorios y tecnológicos de las últimas décadas. Con esto simplemente subrayamos que el enfoque ofrecido aquí no puede captar la dinámica de todas las dimensiones de la desigualdad —o, por lo mismo, la rica dinámica de las instituciones políticas y económicas—. No obstante, las fuerzas básicas destacadas por tal enfoque parecen ser importantes no solo en los contextos de Suecia y Sudáfrica, sino de forma global —como sostenemos en *Orígenes económicos de la dictadura y la democracia* y en *Por qué fracasan los países.*[20]

Este enfoque también ayuda a aclarar las razones por las que puede preocuparnos la desigualdad obser-

---

19. D. Acemoglu, «Directed Technical Change», art. cit.
20. D. Acemoglu y J. A. Robinson, *Economic Origins of Dictatorship and Democracy*, Cambridge University Press, Nueva York, 2006; *id., Why Nations Fail, op. cit.*

vada en los estratos más altos de la distribución de los ingresos y la riqueza. Lo más relevante es que los factores que sustentan el que una elevada proporción de los ingresos nacionales vaya a parar al 1% más rico también pueden representar una falta de igualdad de oportunidades, o de condiciones equitativas. Ampliando el enfoque aquí ofrecido, en *Por qué fracasan los países* argumentamos que la falta de igualdad de condiciones —incluida una limitada movilidad social— probablemente suponga un freno para los países en sus inversiones, su innovación y su eficiencia en la asignación de recursos. Ahora bien, a la hora de evaluar la igualdad de oportunidades y las barreras a la asignación eficiente del talento y los recursos en la sociedad, lo cierto es que la proporción del 1% más rico puede no ser la dimensión más relevante de la distribución de ingresos. Por ejemplo, si un reducido número de personas en la cima se volviera más rico (digamos que Bill Gates y Warren Buffett se volvieran el doble de ricos) a expensas de otros individuos acaudalados, ¿haría eso que la sociedad estadounidense fuera notablemente menos meritocrática? Parece poco probable. De hecho, Chetty, Hendren, Kline y otros han mostrado que, en los Estados Unidos, la movilidad social, en el nivel conformado por quienes tienen que viajar a diario entre su hogar y el trabajo, no está relacionada con la desigualdad de in-

gresos, especialmente con la desigualdad en la cima.[21]
Los autores citados aportan pruebas de que dicha movilidad social no ha cambiado en los Estados Unidos,
incluso cuando la participación del 1% superior ha au-
mentado rápidamente en las últimas décadas. Y estos
datos corroboran aún más la intuición que hemos ex-
presado en nuestro comentario sobre Bill Gates y Warren Buffett. Así pues, otros tipos de desigualdades,
como la brecha entre blancos y negros en Sudáfrica, o
entre la clase baja y la media en los Estados Unidos,
pueden ser más relevantes para considerar si ha habido
cambios en la movilidad social y en la equidad de condiciones.

Pero una dimensión de la economía política donde
la participación del 1% superior puede ser central consiste en la salud de las instituciones políticas. En una sociedad en la que un reducido número de familias e individuos se han vuelto desproporcionadamente ricos, tal
vez sea difícil conservar instituciones políticas que creen
una distribución dispersa del poder político, que den acceso político a un amplio sector de la población. En el
trabajo «Comercio internacional y cambio institucio-

21. R. Chetty *et al.*, «Where is the Land of Opportunity?»,
Quarterly Journal of Economics, 129(4), 2014, 1553-1623; *id.*, «Is
the United States Still a Land of Opportunity?», *American Economic Review* 104(5), 2014, 141-147.

nal», de Puga y Trefler,[22] y en nuestra obra *Por qué fracasan los países,* se analiza una historia que sirve de advertencia sobre los peligros creados por este tipo de desigualdad: la historia de la Venecia de finales de la Edad Media. En este caso, el poder económico de las familias más prósperas y bien establecidas les permitió en última instancia bloquear el acceso de otros al poder político. Y una vez monopolizaron así dicho poder, pudieron cambiar las instituciones económicas en su beneficio, bloqueando la entrada de otras familias en negocios lucrativos, y prohibiendo contratos que antes habían posibilitado que individuos con capital limitado se asociaran para el comercio a larga distancia. Este cambio en las instituciones políticas, que alimentó un deterioro de las instituciones económicas, anunció el declive económico de Venecia.

Pero si la principal amenaza que representa el 1% más rico es política, entonces la respuesta principal debería consistir en el monitoreo y la contención de las consecuencias políticas del aumento de la desigualdad por la parte superior —no se trataría necesariamente de aplicar medidas omnicomprensivas, como los impuestos sobre la riqueza propugnados por Piketty—. Tales po-

22. D. Puga y D. Trefler, «International Trade and Institutional Change», *Quarterly Journal of Economics* 129(2), 2014, 753-821.

líticas deberían estar explícitamente relacionadas con las fallas institucionales de una sociedad específica, y deberían concebirse buscando el fortalecimiento de los contrapesos institucionales a cualquier intento de acaparar poder.

CONCLUSIÓN

El ambicioso trabajo de Thomas Piketty, *El capital en el siglo XXI,* propone una audaz teoría de la desigualdad aplicable a todas las economías capitalistas. Aunque creemos que la atención prestada a tal desigualdad y los debates subsiguientes sobre posibles medidas políticas son saludables y constructivos, hemos argumentado aquí que Piketty se equivoca exactamente por las mismas razones por las que se equivocaron Karl Marx y, antes que él, David Ricardo. Estas búsquedas de leyes generales obvian las instituciones y la política, así como la naturaleza flexible y multifacética de la tecnología, que hacen que las respuestas a los mismos estímulos dependan de aspectos históricos, políticos, institucionales y contingentes de una sociedad y una época, lo cual socava los cimientos de las teorías que buscan leyes generales fundamentales. Frente a esta perspectiva, sostenemos que cualquier teoría plausible de la naturaleza y la evolución de la desigualdad tiene que poner el foco en las instituciones políticas y económicas, reconocer la evolución endógena de la tecnología en respuesta a factores tanto institucionales como económicos y demográficos y, asimismo, mostrar cómo la respuesta de una economía a los *shocks* y las oportunidades dependerá de su equilibrio político e institucional existente.

Deseamos dar las gracias, por sus observaciones, a David Autor, Amy Finkelstein, Johan Fourie, Bengt Holmstrom, Chang Tai Hsieh, Chad Jones, Matthew Kustenbauder, Naomi Lamoureux, Ulrike Malmendier, Kalle Moene, Joel Mokyr, Suresh Naidu, Jim Poterba, Matthew Rognlie, Ragnar Torvik, Laurence Wilse-Samson, Francis Wilson y Timothy Taylor. Y gracias en especial a Pascual Restrepo por las extensas discusiones, los comentarios y la magnífica ayuda en la investigación.

BIBLIOGRAFÍA

ACEMOGLU, Daron, «Directed Technical Change», *Review of Economic Studies,* 69(4), 2002, 781-809.

—«Labor- and Capital-Augmenting Technical Change», *Journal of the European Economic Association,* 1(1), 2003, 1-37.

—«Oligarchic versus Democratic Societies», *Journal of the European Economic Association,* 6(1), 2008, 1-44.

—«When Does Labor Scarcity Encourage Innovation?», *Journal of Political Economy* 118(6), 2010, 1037-1078.

ACEMOGLU, Daron, Philippe AGHION y Giovanni L. VIO-LANTE, «Deunionization, Technical Change and Inequality», *Carnegie-Rochester Conference Series on Public Policy,* 55(1), 2001, 229-264.

ACEMOGLU, Daron y David H. AUTOR, «Skills, Tasks and Technologies: Implications for Employment and Earnings», O. C. Ashenfelter y D. Card (eds.), *Handbook of Labor Economics Volume 4B,* Elsevier, Ámsterdam, 2011, pp. 1043-1171.

ACEMOGLU, Daron, Davide CANTONI, Simon JOHNSON y James A. ROBINSON, «The Consequences of Radical Reform: The French Revolution», *American Economic Review,* 101(7), 2011, 3286-3307.

ACEMOGLU, Daron, Georgy EGOROV y Konstantin SONIN, «Dynamics and Stability of Constitutions, Coalitions, and Clubs», *American Economic Review* 102(4), 2012, 1446-1476.

— «Political Economy in a Changing World», *Journal of Political Economy,* 123(5), 2015, 1038-1086.

ACEMOGLU, Daron, Simon JOHNSON y James A. ROBINSON, «Institutions as a Fundamental Cause of Long-Run Growth», en P. Aghion y S. N. Durlauf (eds.), *Handbook of Economic Growth Volume 1A,* Elsevier, Ámsterdam, 2005, pp. 385-472.

ACEMOGLU, Daron y James A. ROBINSON, «Why Did the West Extend the Franchise? Democracy, Inequality, and Growth in Historical Perspective», *Quarterly Journal of Economics,* 115(4), 2000, 1167-1199.

— *Economic Origins of Dictatorship and Democracy,* Cambridge University Press, Nueva York, 2006.

— «Persistence of Power, Elites, and Institutions», *American Economic Review* 98(1), 2008, 267-293.

— *Why Nations Fail: The Origins of Power, Prosperity, and Poverty,* Crown, Nueva York, 2012.

AIYAGARI, S. Rao, «Uninsured Idiosyncratic Risk and Aggregate Saving», *Quarterly Journal of Economics,* 109(3), 1994, 659-684.

ALLEN, Robert C., «The Great Divergence in European Wages and Prices from the Middle Ages to the First World War», *Explorations in Economic History* 38(4), 2001, 411-447.

— «Pessimism Preserved: Real Wages in the British Industrial Revolution», Oxford University Department of Economics, Working Paper 314, 2007.

— «Engels' Pause: Technological Change, Capital Accumulation, and Inequality in the British Industrial Revolution», *Explorations in Economic History* 46(4), 2009, 418-435.

— *The British Industrial Revolution in Global Perspective*, Cambridge University Press, Nueva York, 2009.

ALVAREDO, Facundo y Anthony B. ATKINSON, «Colonial Rule, Apartheid and Natural Resources: Top Incomes in South Africa, 1903-2007», Centre for Economic Policy Research Discussion Paper 8155, 2010 (http://www.parisschoolofeconomics.eu/IMG/pdf/DP8155_SouthAfrica.pdf).

ALVAREDO, Facundo, Tony ATKINSON, Thomas PIKETTY y Emmanuel SAEZ (comps.), World Top Incomes Database, http://topincomes.paris schoolofeconomics.eu/.

ANTRÀS, Pol, «Is the U.S. Aggregate Production Function Cobb-Douglas? New Estimates of the Elasticity of Substitution», *Contributions to Macroeconomics,* 4(1), 2004, Artículo 4.

BENGTSSON, Erik, «Labour's Share in Twentieth Century Sweden: A Reinterpretation», *Scandinavian Economic History Review*, 62 (3), 2014, 290-314.

BEWLEY, Truman F., «Stationary Monetary Equilibrium with a Continuum of Independently Fluctuating Consumers», en W. Hildenbrand y A. Mas-Colell (eds.), *Contributions to Mathematical Economics in Honor of Gérard Debreu*, Elsevier, Ámsterdam, 1986, pp. 79-102.

BLAUG, Mark, *Economic Theory in Retrospect* (5.ª ed.), Cambridge University Press, Cambridge, 1996.

BLOCH, Marc, *Land and Work in Medieval Europe: Selected Papers*, trad. J. E. Anderson, Harper Torchbooks, Nueva York, 1967.

BONNET, Odran, Pierre-Henri BONO, Guillaume CHAPELLE y Étienne WASMER, «Does Housing Capital Contribute to Inequality? A Comment on Thomas Piketty's Capital in the 21st Century», *SciencesPo Discussion Paper*, 2014.

CAMERON, A. Colin, Jonah B. GELBACH y Douglas L. MILLER, «Bootstrap-Based Improvements for Inference with Clustered Errors», *Review of Economics and Statistics*, 90(3), 2008, 414-427.

CASELLI, Francesco y James FEYRER, «The Marginal Product of Capital», *Quarterly Journal of Economics*, 122(2), 2007, 535-568.

CHETTY, Raj, Nathaniel HENDREN, Patrick KLINE y Emmanuel SAEZ, «Where is the Land of Opportunity? The Geography of Intergenerational Mobility in the United States», *Quarterly Journal of Economics,* 129(4), 2014, 1553-1623.

CHETTY, Raj, Nathaniel HENDREN, Patrick KLINE, Emmanuel SAEZ y Nicholas TURNER, «Is the United States Still a Land of Opportunity? Recent Trends in Intergenerational Mobility», *American Economic Review* 104(5), 2014, 141-147.

CHIRINKO, Robert S., «Business Fixed Investment Spending: Modeling Strategies, Empirical Results, and Policy Implications», *Journal of Economic Literature,* 31(4), 1993, 1875-1911.

— «σ: The Long and Short of It», *Journal of Macroeconomics,* 30(2), 2008, 671-686.

CHIRINKO, Robert S., Steven M. FAZZARI y Andrew P. MEYER, «How Responsive Is Business Capital Formation to Its User Cost?: An Exploration with Micro Data», *Journal of Public Economics,* 74(1), 1999, 53-80.

CHIRINKO, Robert S. y Debdulal MALLICK, «The Substitution Elasticity, Factor Shares, Long-Run Growth, and the Low-Frequency Panel Model», 2014 (https://ideas.repec.org/p/ces /ceswps/_4895.html).

CLARK, Gregory, «Land Rental Values and Agrarian History: England and Wales, 1500-1912», *European Review of Economic History* 6(3), 2002, 281-308.

— «The Condition of the Working Class in England, 1209-

2004», *Journal of Political Economy*, 113(6), 2005, 1307-1340.

— «The Macroeconomic Aggregates for England, 1209-2008», en A. J. Field (ed.), In *Research in Economic History Volume 27*, Emerald Publishing Group, 2010, pp. 51-140.

COLLIER, Ruth B., *Paths toward Democracy: Working Class and Elites in Western Europe and South America*, Cambridge University Press, Nueva York, 1999.

COLLINS, Norman R. y Lee E. PRESTON, «The Size Structure of the Largest Industrial Firms, 1909-1958», *American Economic Review*, 51(5), 1961, 986-1011.

CRAFTS, N. F. R., *British Economic Growth during the Industrial Revolution*, Clarendon Press, Oxford, 1985.

DIAMOND, Peter A., «National Debt in a Neoclassical Growth Model», *American Economic Review*, 55(5), 1965, 1126-1150.

DONADO, Alejandro y Klaus WÄLDE, «How Trade Unions Increase Welfare», *Economic Journal*, 122(563), 2012, 990-1009.

EDWARDS, Richard C., «Stages in Corporate Stability and the Risks of Corporate Failure», *Journal of Economic History*, 35(2), 1975, 428-457.

FEINSTEIN, Charles H., «Pessimism Perpetuated: Real Wages and the Standard of Living in Britain During and After the Industrial Revolution», *Journal of Economic History*, 58(3), 1998, 625-658.

—An Economic History of South Africa: Conquest, Discrimination and Development, Cambridge University Press, Nueva York, 2005.

FOLEY, Duncan K., Adam's Fallacy: A Guide to Economic Theology, Belknap Press, Cambridge, 2008.

GEEROLF, François, «Reassessing Dynamic Efficiency», 2013 (https://dl.dropboxusercontent.com/u/7363883/Efficiency_Emp.pdf).

GOUREVITCH, Peter, Politics in Hard Times: Comparative Responses to International Economic Crises, Cornell University Press, Nueva York, 1986.

HAMERMESH, David S., Labor Demand, Princeton University Press, Princeton, 1993.

HASSLER, Jon, José V. RODRÍGUEZ MORA, Kjetil STORESLETTEN y Fabrizio ZILIBOTTI, «The Survival of the Welfare State», American Economic Review 93(1), 2003, 87-112.

HORNBECK, Richard y Suresh NAIDU, «When the Levee Breaks: Black Migration and Economic Development in the American South», American Economic Review 104(3), 2014, 963-990.

KARABARBOUNIS, Loukas y Brent NEIMAN, «The Global Decline of the Labor Share», Quarterly Journal of Economics, 129(1), 2014, 61-103.

KATZ, Lawrence F. y David H. AUTOR, «Changes in the Wage Structure and Earnings Inequality», en O. C. Ashenfelter y D. Card (eds.), Handbook of Labor Econo-

mics Volume 3A, Elsevier, Ámsterdam, 1999, pp. 1463-1555.

KLUMP, Rainer, Peter McADAM y Alpo WILLMAN, «Factor Substitution and Factor-Augmenting Technical Progress in the United States: A Normalized Supply-Side System Approach», *Review of Economics and Statistics,* 89(1), 2007, 183-192.

KRUSELL, Per, Lee E. OHANIAN, José-Víctor RÍOS-RULL y Giovanni L. VIOLANTE, «Capital-Skill Complementary and Inequality: A Macroeconomic Analysis», *Econometrica* 68(5), 2000, 1029-1053.

KRUSELL, Per y Anthony A. SMITH, Jr., «Is Piketty's 'Second Law of Capitalism' Fundamental?», 2014 (http://aida.wss.yale.edu/smith/piketty1.pdf).

LAMOREAUX, Naomi R., *The Great Merger Movement in American Business, 1895-1904,* Cambridge University Press, Nueva York, 2005.

LEIBBRANDT, Murray, Ingrid WOOLARD, Arden FINN y Jonathan ARGENT, «Trends in South African Income Distribution and Poverty since the Fall of Apartheid», *OECD Social, Employment and Migration Working Papers, No. 101,* OECD Publishing, 2010.

LINDERT, Peter H., «The Rise of Social Spending, 1880-1930», *Explorations in Economic History,* 31(1), 1994, 1-37.

LIPTON, Merle, *Capitalism and Apartheid: South Africa, 1910-84,* Gower/Maurice Temple Smith, Londres, 1985.

LUEBBERT, Gregory M., *Liberalism, Fascism, or Social Democracy: Social Classes and the Political Origins of Regimes in Interwar Europe*, Oxford University Press, Nueva York, 1991.

LUNDAHL, Mats, «The Rationale of Apartheid», *American Economic Review* 72(5), 1982, 1169-1179.

MAIRESSE, Jacques, Bronwyn H. HALL y Benoit MULKAY, «Firm-Level Investment in France and the United States: An Exploration of What We Have Learned in Twenty Years», *Annales d'Economie et de Statistique*, 55-56, diciembre de 1999, 27-67.

MARIOTTI, Martine, «Labour Markets during Apartheid in South Africa», *Economic History Review*, 65(3), 2012, 1100-1122.

MARX, Karl, *The Poverty of Philosophy*, 1847.

—*A Contribution to the Critique of Political Economy*, 1859.

—*Capital: Critique of Political Economy* (3 vols.), 1867, 1885, 1894.

MATHEWS, R. C. O., C. H. FEINSTEIN y J. C. ODLING-SMEE, *British Economic Growth, 1856-1973: The Post-War Period in Historical Perspective*, Stanford University Press, Stanford, 1982.

McLELLAN, David (ed.), *Karl Marx: Selected Writings*, Oxford University Press, Nueva York, 2000.

MILANOVIC, Branko, All the Ginis Dataset, The World Bank, 2003.

MOENE, Karl Ove y Michael WALLERSTEIN, «How Social Democracy Worked: Labor-Market Institutions», *Politics and Society* 23(2), 1995, 185-211.

— «Pay Inequality», *Journal of Labor Economics*, 15(3), 1997, 403-430.

— Social Democracy as a Development Strategy», en P. Bardhan, S. Bowles y M Wallerstein (eds.), *Globalization and Egalitarian Redistribution*, Princeton University Press/Russell Sage Foundation, Princeton, 2006.

MOKYR, Joel, *The Enlightened Economy: An Economic History of Britain 1700-1850*, Yale University Press, New Haven, 2012.

MORRISSON, Christian y Wayne SNYDER, «The Income Inequality of France in Historical Perspective», *European Review of Economic History*, 4(1), 2000, 59-83.

NAIDU, Suresh y Noam YUCHTMAN, «Coercive Contract Enforcement: Law and the Labor Market in Nineteenth Century Industrial Britain», *American Economic Review*, 103(1), 2013, 107-144.

NICKELL, Stephen, «Biases in Dynamic Models with Fixed Effects», *Econometrica*, 49(6), 1981, 1417-1426.

PIKETTY, Thomas, *Capital in the Twenty-First Century*, Harvard University Press, Cambridge (Mass.), 2014.

PIKETTY, Thomas y Emmanuel SAEZ, «Income inequality in the United States, 1913-1998», *Quarterly Journal of Economics*, 118(1), 2003, 1-39.

PUGA, Diego y Daniel TREFLER, «International Trade and Institutional Change: Medieval Venice's Response to Globalization», *Quarterly Journal of Economics* 129(2), 2014, 753-821.

RAY, Debraj, «Nit-Piketty: A Comment on Thomas Piketty's Capital in the Twenty First Century», 2014 (http://www.econ.nyu.edu/user/debraj/).

RICARDO, David, *On the Principles of Political Economy and Taxation*, 1817.

ROGNLIE, Matthew, «A Note on Piketty and Diminishing Returns to Capital», 2014 (http://www.mit .edu/~mrognlie/piketty_diminishing_returns.pdf).

ROINE, Jesper, Jonas VLACHOS y Daniel WALDENSTRÖM, «The Long-Run Determinants of Inequality: What Can We Learn from Top Income Data?», *Journal of Public Economics*, 93(7-8), 2009, 974-988.

ROINE, Jesper y Daniel WALDENSTRÖM, «Wealth Concentration over the Path of Development: Sweden, 1873-2006», *Scandinavian Journal of Economics* 111(1), 2009, 151-187.

SAINT-PAUL, Gilles, *The Political Economy of Labour Market Institutions*, Oxford University Press, Nueva York, 2000.

SAMUELSON, Paul A., «An Exact Consumption-Loan Model of Interest With or Without the Social Contrivance of Money», *Journal of Political Economy*, 66(6), 1958, 467-482.

SANDERS, Elizabeth, *Roots of Reform: Farmers, Workers, and the American State, 1877-1917,* University of Chicago Press, Chicago, 1999.

SCHONHARDT-BAILEY, Cheryl, *From the Corn Laws to Free Trade: Interests, Ideas, and Institutions in Historical Perspective,* MIT Press, Cambridge (Mass.), 2006.

SEEKINGS, Jeremy y Nicoli NATTRASS, *Class, Race, and Inequality in South Africa,* Yale University Press, New Haven, 2005.

SINGER, Peter, *Marx: A Very Short Introduction,* Oxford University Press, Nueva York, 2000.

SPANDAU, A., «Mechanization and Labour Policies on South African Mines», *South African Journal of Economics,* 48(2), 1980, 110-120.

SWENSON, Peter, «Bringing Capital Back In, or Social Democracy Reconsidered: Employer Power, Cross-Class Alliances, and Centralization of Industrial Relations in Denmark and Sweden», *World Politics* 43(4), 1991, 513-544.

— *Capitalists against Markets: The Making of Labor Markets and Welfare States in the United States and Sweden,* Oxford University Press, Nueva York, 2002.

TILTON, Timothy A., «The Social Origins of Liberal Democracy: The Swedish Case», *American Political Science Review,* 68(2), 1974, 561-571.

TURNER, M. E., J. V. BECKETT y B. AFTON, *Agricultural Rent in England, 1690-1914,* Cambridge University Press, Nueva York, 1999.

VAN DER HORST, Shelia T., *Native Labour in South Africa*, Frank Cass and Co., Londres, 1942.

WHITE, Lawrence J., «What Has Been Happening to Aggregate Concentration in the United States?», *Journal of Industrial Economics*, 29(3), 1981, 223-230.

— «Trends in Aggregate Concentration in the United States», *Journal of Economic Perspectives*, 16(4), 2002, 137-160.

WILSON, Francis, *Labour in the South African Gold Mines, 1911-1969*, Cambridge University Press, Nueva York, 1972.

WILSON, Francis, «Current Labor Issues in South Africa», en R. M. Price y C. G. Rosberg (eds.), *The Apartheid Regime: Political Power and Racial Domination*, University of California Press, Berkeley, 1980.

ZEIRA, Joseph, «Workers, Machines, and Economic Growth», *Quarterly Journal of Economics* 113(4), 1998, 1091-1117.

ZWART, Pim de, «South African Living Standards in Global Perspective, 1835-1910», *Economic History of Developing Regions*, 26(1), 2011, 49-74.

ESTA PRIMERA EDICIÓN
DE «AUGE Y CAÍDA DE LAS LEYES GENERALES
DEL CAPITALISMO»,
DE DARON ACEMOGLU Y JAMES A. ROBINSON,
SE TERMINÓ DE IMPRIMIR
EN BARCELONA
EN EL MES DE ENERO DE 2025